議員立法五十五年

上田　章

信山社

はしがき

今から考えると三、四年前になるが、坂本一洋さんと私の二人が歩んできた衆議院法制局における議員立法の立案について、政治的な与野党対立の中で大変苦労したり、法律的さらには憲法問題にからんで局内でも大いに議論を闘わしたりした非常に印象深いケースなどお互いに経験したところを対談の形でまとめてみてはどうかという話がまとまり、丁度私が昭和二三年に入局して平成元年に法制局長を退職、坂本さんは昭和三四年に入局して平成一〇年に法制局長を退職されているので、その間のダブリはあるが合わせると五十年になるということで、最初は「議員立法五十年」という題の対談集がふさわしいかなと考えていた。

ところが、坂本さんは衆議院に憲法調査会が設置されるに及んでその事務局長の重責を再度担われることになった。

そこで対談をするにしても、資料の整理から始めて、どの法律をとりあげるかといった打ち合わせから録音テープをとる本番まで、多忙となった坂本さんには大変な負担をかけてしまうことになった。

それでも第一回、第二回と予定どおり進み、第三回の「三木内閣から宮沢内閣まで」のうち、竹下内閣時代が終わったところで思わぬ事態が起こってしまった。

それは坂本さんが思いがけず病に倒れてしまったことである。彼は憲法調査会事務局長として平成十四年十一月中間報告をまとめてほっとしたところで倒れられたのであり、今日も病床にふせっておられる状態が続いている。

最初の企画であった対談もここでストップせざるをえず、といって折角ここまで進んできたことであり、どうまとめるか一人で悩んでいた。この対談も丁度私が在職中のところで終わっており、それまでは私が主役で彼が聞き手という感じであったが、これから私の退職後の部分を私が聞き手となって彼に話しをしてもらおうと思っていた矢先のことであり、大変残念だがこればかりは仕方がない。

そこで対談の校正をしながら海部、宮沢内閣時代、さらに細川内閣以後の「五十五年体制の崩壊と連立政権時代」を予定どおり、今度は私一人でまとめてみるしか仕方があるまいと考えた。この点は本文のところでも書いたとおりである。

平成十五年は衆議院法制局開設五十五年にあたる。私は衆議院法制局開設の時から職を奉じていたので、本書の最初のスタートを変更して平成十五年までをフォローすることとし、題名も「議員立法五十年」から「議員立法五十五年」にかえて、私の全責任において出版することとした。したがって、坂本さんの発言のところもすべて私の責任において校正その他最終的なチェックもしたつもりである。

このように最初の企画とは程遠いものになったので、結果的には議員立法という一つの糸によって結ばれた私の人生の歩みそのものを書き綴ったようなことになり、内心忸怩たる感もないではないが、人生の殆んどを法律の立案という仕事に終始した法律実務家であり一研究学徒の置土産として、今後益々重要視されるであろう立法関係にたずさわる多くの後輩の方々には少しでも参考になる点があれば、私としても大変喜ばしいところである。

最後に、本書の企画から相談にのっていただき、途中企画変更を余儀なくされ、挫折しそうになった所を最後まで支えて刊行までこぎつけることができたのは、ひとえに信山社村岡侖衛氏のバイタリティとペイシェンスによるものであり、心から感謝する次第である。

平成十六年九月

上田　章

議員立法五十五年

目次

はしがき　3
Ⅰ　衆議院法制局創設と戦後十年　13
Ⅱ　五十五年体制の時代に入って　65
Ⅲ　三木内閣から宮沢内閣まで　115
Ⅳ　五十五年体制の崩壊と連立政権時代　157
おわりに　208

細目次

はしがき……3
I　衆議院法制局創設と戦後十年……13
議員立法に携わった経験を通して　14
衆議院法制局の前身時代から　16
政治・経済体制の大変革の時代の法　21
昭和二十三年に議院法制局はスタート　22
地方自治特別法に関連して　24
苦労の多い議員立法（公職選挙法の制定）　26
第七国会当時の議院法制局　29
飛躍的に議員立法の数がふえる第十国会以降　31
政府依頼立法という議員立法　32
ふえつづける議員立法の提出件数　37
提案権の制約が大きくなる　38
昭和三〇年代の議員立法の類型　40
議員立法に見られる時代相　44

弁護士法の思い出　45
法律番号引用の難しさ　48
違憲裁判手続法案　51
抽象的違憲審査制と裁判所の役割　54
施行前の法律の改正について　56
期限付き法律の改正について　58

Ⅱ　五十五年体制の時代に入って……65

五十五年体制と議員立法　66
野党法案の特色　68
鳩山内閣時代の議員立法――憲法調査会法と原子力基本法　74
岸内閣時代の議員立法――角膜の移植に関する法律　77
一回限りの適用の法律　80
大修正のうえ成立した国民健康保険法　81
道路整備及び地域開発法などの提案が相次ぐ　82
六〇年安保国会後の池田内閣時代　84
「政治的暴力行為防止法案」と「国会審議権の確保のための秩序保持に関する法律案」をめぐる問題　86

東京オリンピックの開催と観光基本法　88
法律にふさわしい内容とは何か　91
開発立法が動き出した時代　92
佐藤内閣時代の議員立法――火炎びんの使用等の処罰に関する法律　93
地方自治体関連の法律の動き　94
佐藤内閣と沖縄復帰に伴う問題　97
消費者問題と公害対策問題が取り上げられるようになる　105
靖国神社法案　106
国土総合開発と田中内閣時代　108
会社臨時特別税法　110
祝日法の改正と動物保護法　113

III　**三木内閣から宮沢内閣まで**……115

薬事法違憲判決の波紋　116
三木内閣時代の議員立法――私学振興法と育児休業法　117
三木内閣から宮沢内閣までの特徴　121
公職選挙法の改正と政治資金規正法の改正　125
福田内閣時代の議員立法――沖縄地籍法と成田新法　127

無限連鎖講の防止に関する法律について 131
自然犯と行政犯 131
法律に関する調査案件の増加 134
大平内閣時代の議員立法 135
鈴木内閣時代の議員立法 136
中曽根内閣時代――行政改革と政治倫理 138
政治倫理から政治改革へ 140
衆議院議員の定数是正 141
サラ金二法と台湾住民戦没者遺族弔慰金法 144
竹下内閣時代の議員立法――議院証言法の改正と静穏保持法 147
海部・宮沢内閣時代 151
消費税法関係 151
PKO法の制定 152
政治改革 153
海部・宮沢内閣時代の議員立法 155
Ⅳ 五十五年体制の崩壊と連立政権時代 …………………… 157
細川・羽田内閣時代 158

政治改革四法律の成立とその内容　159
村山・橋本内閣時代　165
村山内閣時代の議員立法　167
第一次橋本内閣時代　168
「議員立法の活性化」についての提言　169
第二次橋本内閣時代以降　177
議員立法の増加　178
議員立法の質の変化　182
法律案に対する修正　193
修正件数　194
修正内容　198
修正における立法技術と委任立法の議会統制　202
橋本内閣以降の修正の動向　203
おわりに……………………………………………………………208

Ⅰ　衆議院法制局創設と戦後十年

上田　章

きき手　坂本　一洋

◆議員立法に携わった経験を通して

［坂本］　今日は議員立法についてのお話を、上田先生からしていただきます。まず私の方から上田先生にお聞きするという形式になりますが、この企画について、最初に上田先生からお話をお願いしたいと思います。

［上田］　今、お話がありましたが、この企画は、私ばかりがしゃべって坂本さんが単なる聞き役というものではございません。今回は戦後間もなくということで、まだ坂本さんは学生時代ということですので、勢い私が中心にお話しすることになりますが、おいおい坂本さんが中心になってお話しをしていただく、そういう形にバトンタッチしていくことになると思います。

この企画は、村岡さんのおられる信山社から、わが法制局の先輩である鮫島眞男さんが、これは遺稿集になってしまったのですが、『立法生活三十二年』を出版をされました。その鮫島先輩は非常に昔風の古武士を思わせるお人柄で、私などと違って資料もいっぱいきちんと整理して残しておられ、貴重なお話がその著書の中にいろいろと書かれております。私も衆議院法制局入局後、約四〇年ばかり、議員立法の立案にタッチしまして、そのあいだの経験を何かあとの人に残しておけばいいかなと思って、折々、原稿を少しずつ書いたものもありますが、まとまったものを書くとなりますと大変なので、むしろ私の経験と坂本さんの経験とを両方合わせて対談するという形ででも残しておいたほうがいいかなと思いまして、こういう企画になったわけであります。

したがって、議員立法を中心にここでは話を進めていくことになりますが、国会五〇年、法律制定の側面ということで、第何国会にどういう議員立法が提案され、成立したかというような点につきましては、実は『議会政治研究』という雑誌の四一巻、四二巻、四四巻に、私と参議院法制局長をされていた浅野一郎先生の対談で残しております。したがいまして、今回はむしろ法律件名というよりも、私なり坂本さんなりが現実に立案にタッチした法律のうち印象に残っておるものや、その経験を中心に、個別的・具体的に重要な論点を掘り下げる形で話を進めていったほうがいいのかなと思います。

ただ、そのあいだに貴重な経験をした立法技術は、これから法律の立案にタッチする人たちだけではなしに、地方の時代といわれておりますが、地方の条例規則の立案に携わる人たちの知っておいてもらいたい立法技術というもの、これは経験を通して会得するものが多いので、そういうものも織りまぜながら話を進めていったらどうかと思っています。

それと、もちろん前提条件であるそのときそのときの時代背景を説明しながら、そういう形の内容で進めさせていただいたらいいかなと思っております。

［坂本］　それでは本題に入らせていただきます。衆参両議院における議員立法にたずさわる組織として衆議院法制局、参議院法制局が創設されたわけですが、上田先生は、法制局創設の前から事務局に設けられました法制部におられまして、議院法制局のスタートのときからいろいろ議員立法あるいはその修正に参画されておりました。

まず、昭和二十三年七月五日に衆議院法制局が創設された経緯、その前身の事務局に日本国憲法施行後に法制部が設けられましたが、その法制部時代からのお話をいただければと思います。

◆衆議院法制局の前身時代から

［上田］　最初から私のことで恐縮なのですが、昭和二十三年に大学を卒業してすぐに就職したのが、衆議院事務局の法制部であったわけです。というのは、今、お話がありましたように、昭和二十三年四月一日当時はまだ法制局として独立をしておりませんで、衆議院事務局の法制部というのがありまして、そこに配属してもらい、そして七月に法制局が設置されましてから、法制局の職員に配置換えになったわけであります。

日本国憲法が制定されて、国会が国権の最高機関で国の唯一の立法機関だという憲法四一条が規定され、今後は立法権は国会にあるのだということが明確になりました。そのために、戦前とは違ってむしろ議員立法が今までより重視されるべきだという発想が根底にあったわけであります。そういう意味合いにおいて、第九一帝国議会に憲法制定附属法規として制定された国会法の一三一条で、議員の法制に関する立案に資するため、各議院に法制部を置くという規定が設けられたわけであります。

この時代に私は大学を卒業して就職をしたことになるわけでありますが、その当時は二〇人ばかりの職員しかおりませんで、部長は三代目の法制局長である三浦義男さん。この人は旧内務省の出身で、宮内庁にも出向しておられたことがありますが、官選の最後の山形県知事であります。そして公選になりましてからこちらにこられて、法制部長になられたわけであります。

三浦法制部長の直属の部下としてあいさつをして、このときは非常に組織の配置がおもしろい形をとっており、法制部長は三浦義男さんですが、法制第一部長を兼ねておりまして、法制第二部長が福原忠男さんという方であります。福原忠男さんは、法制局になりましてからも第二部長をずっとおやりになりましたが、もともと検事出身の人で、その当時、法制部の第二部長ということでおいでになりました。ただ、第二部長の部下は一人もおりませんで、私どもは法制第一部長の配属という変則な形になっておったと思います。

なにはともあれ、まだ組織がはっきりしていない時代で、この法案についてはおまえやれ、この法案についてはおまえやれ、という形で、草創の時期、しかも人数が少ないこともありまして、組織的な形に落ちつくのは法制局になってからだと思います。

そういうことで、私は三か月間だけ衆議院主事補という辞令をもらったのですが、七月五日に国会法の一部改正と議院法制局法が制定され、施行されました。最初の衆議院法制局長は入江俊郎さんで、日本国憲法制定のときの法制局長官であり、そして最後の勅選の貴族院議員をされて、衆議院法制局の創設とともに初代の法制局長としてこられました。この入江さんから衆議院法制局主事という辞令をもらいまして、このとき初めて衆議院法制局の職員となったわけであります。

当時は三部制で、各部に二課あり、あとは庶務課という体制で、三〇人ぐらいで出発したと思います。その二部一課というところに配属になりました。担当は、法務府（省）関係と建設省関係の立法であります。

就職したときは、大学を出てすぐの全く勉強もしていないときでありますから、当時は内閣法制局が出版した『法制執務提要』といったたぐいの本が全く出ておりませんで、どのように勉強し、どのように立案したらいいのか全く五里霧中であったのですが、まずおまえは、内閣提出の法律と衆議院提出の法律（内閣提出の法律が「閣法」、衆議院提出の法律が「衆法」、参議院提出の法律が「参法」といっている）を読め。あとは、委員会へ出てどんな質問があるかそれを聞いてこい、というのがスタートの仕事で、とてもとても条文をつくるなどというところまではいかないという状況でありました。

しかし、入りましたときに印象に残っているのは弁護士法です。もう既に私が入ったのは昭和二十三年で第二国会なのですが、大体法案は立案がされておりました。その内容についての法律上の問題点は後に説明しますが、印象に残っているのは、そのときに規則制定権、憲法七七条のルールメーキングパワーで弁護士に関する事柄も全部最高裁判所の規則で制定できるのではないかという意見が、その当時に一部にあったのですが、いや、これは弁護士法という法でないといけないという点を担保するために、逗子におられた高柳賢三先生のところにお話を伺いにいった。これは、部長、課長というえらい人のお供をして行ったというのが非常に印象に残っているくらいで、草創の時期には、先輩からは何も教えてくれるわけでもなし、自分で勉強するしかないという状態から出発したのはたしかです。

［坂本］　では、日本国憲法は、昭和二十一年十一月三日に公布され、昭和二十二年五月三日に施行されましたが、最初は憲法附属法規の制定についてのお話をしていただければ幸いです。

［上田］　戦後間もなくというのは、いうまでもなく日本国憲法制定と同時に旧体制というか明治憲法時代の体制というのはすっかり変えなくてはいけないので、すべての法制がどんどん変わっていっ

たことはいうまでもありません。憲法の附属法規としては、ほとんどが内閣提出の法律で次々と改正されていったわけでありますが、特にこの時代は占領中でしたから、連合国総司令部（ＧＨＱ）のサゼスチョンというのは非常に大きかった。

まず、旧指導者の公職追放、財閥解体、市町村制の改正、自作農の問題、労働組合法を初めとする労働関係、婦人参政権の問題といった体制の改正、こういうものが、日本国憲法制定前、それから制定とともに行われ、日本の体制が大きく転換したというわけでありま す

そういう意味合いにおいて、新しい憲法体制に沿った日本国のあり方という大きな法改正は、ほとんど内閣提出の法律で行われたわけでありますが、国会関係の憲法附属法規ということでいいますと、これが当時、議員立法ですべて行われたことになるわけでありますが、まず第一に挙げるべきは、国会法の制定、それに伴って衆議院規則、参議院規則、国会職員法といった国会関連の法律、こういうものが九一帝国議会で制定されています。したがって、第一国会からこの国会法のもとに国会が運営されることになったわけであります。

第一国会、これは片山内閣のときでありますが、国会関係の法律としては、最高裁判所裁判官国民審査法（昭和二十二年法律百三十六号）、裁判官弾劾法（昭和二十二年法律百三十七号）、それから議院における証人の宣誓及び証言等に関する法律（昭和二十二年法律二二五号）といった法律が制定されております。

最高裁判所裁判官国民審査法は、憲法七九条の規定に基づいて最高裁判所裁判官は一〇年ごとに国

民審査に付する、それを具体化した法律ということで制定されたわけであります。

裁判官弾劾法は、これも憲法六四条「国会は、罷免の訴追を受けた裁判官を裁判するため、両院の議員で組織する弾劾裁判所を設ける」という規定に基づいて制定されたわけであります。

議院における証人の宣誓及び証言等に関する法律は、国会法で民間人を含めて証人として証言を求めることができるという規定はありましたが、これに対して強制力がない、うそをついても処罰されないということで、第一国会で証人として呼んだことがあったようでありますが、これはどうも正しい証言をしておらないきらいがあるということで、どうしても裁判所の証人と同様に宣誓をして、正当な理由なく証言拒否ないし偽証した者に対しては処罰するという強制力をもたせなければいけないということになりまして、国会法とは別に、議院における証人の宣誓及び証言等に関する法律が制定されたわけであります。

さきにお話ししました二つは草創のときでありまして、法制部ではどれだけ立案にタッチされたか不明確ですが、議院における証人の宣誓及び証言等に関する法律は、福原部長が直接筆を取って書き下ろして案文を作成したということが記録に残っております。

この法律は現在も盛んに運用され、証人喚問が行われていますが、昭和六十四年に大改正がなされるまで、ほとんど改正がされませんでした。むしろ運用で少しずつカバーしていこうということで、人権問題を中心として運用が是正されたという一面がありますが、罰則を伴うという強制力もあるという面において、きわめて重要な法律であり、議院の国政調査権の実効性を担保するための法律だという点で注目すべき法律の一つであります。

◆政治・経済体制の大変革の時代の法

［上田］　第二国会ではその後、片山内閣から芦田内閣に代わるわけですが、政治的にも変革期で、いろいろな新しい法律をつくらないといけないという状況でしたが、片山内閣というのは、社会党、民主党、国民協同党の連立内閣でそれが予算審議の途中で予算が否決されるという問題もありまして、同じ連立内閣でありますが芦田内閣に代わるといった、非常に政情不安定な時代であったこともたしかであります。

政治体制、経済体制、これが全部変わる時代でありますが、特異なのは社会党内閣という意味合いにおいて、臨時石炭鉱業管理法、いわゆる石炭国管の法律ですが、こうしたものがやっと修正をし成立をしたということが、そのなかで私の印象に残っております。

経済体制全般でいいますと、財閥解体から始まりまして経済憲法といわれる私的独占の禁止及び公正取引の確保に関する法律が制定されるという時代でした。

第二国会では、議員立法では政治資金規正法が昭和二十三年の法律一九四号として制定され、国立国会図書館法も昭和二十三年の法律五号ということで制定されております。

このうち、政治資金規正法は非常に重要な法律で、現在活用されている法律の一つであります。内容的には、政治資金の公明・公正を目的として、政治資金の出し入れを明確にするというのが中心ですが、興味があるのは、政治資金規正法の正という字です。普通、規制するといいますと制度の制を書くのですが、これは正しいという字を書くのですね。なぜこういう新しい用語がつくられたかというと、政治資金をコントロールする、規制するというのはいきすぎである。むしろただす、正しい形に公明・公正な政治資金を、ひと言でいうとガラス張りにする、そういう意味合いをあらわすために、コントロールするという強い意味合いではなしに、正しいという字のほうが内容にぴったり合うのではないかということで、規正という用語はないと思うのですが、新しい用語をつくられたということを先輩から聞いたことがあります。　この政治資金規正法は、あとでお話しする公職選挙法と並んで議員立法としても非常に重要な法律であります。

第二国会あたりまではそんなところでしょうか。

◆昭和二十三年に議院法制局はスタート

［坂本］　第二国会までは、議院法制局が設立される前の議員立法です。第二国会の最終日の昭和二十三年七月五日に議院法制局法は施行されまして、そこで議院法制局はスタートするわけです。議院法制局が議員立法にタッチしたのは第三国会からですが、第三、第四国会は会期が短く、第五国会あたりから議院法制局が議員立法にかかわることが多くなり、議員立法の数も飛躍的に増えました。不成立のものも含めて、その後、多い年には毎年六〇あるいは八〇、もうちょっと後には一〇〇ぐらいあったように記憶しています。

ここで、議院法制局のもとで本格的に議員立法を立案する時期を迎えました第五国会以降を、上田先生にお話ししていただければと思います。

【上田】　今、話がありましたように、第三国会は臨時国会、第四国会が十二月一日から開かれた常会だったのですが、その十二月二十三日に吉田内閣のもとで衆議院が解散されてしまいます。したがいまして、衆議院法制局として最初に議員立法を手掛けたのは、昭和二十四年の二月十一日から五月三十日まで開かれた第五特別国会からということになると思います。

この第五国会というのは選挙後の特別国会で、議員立法の数としては、衆議院提出が二二件、参議院提出が一一件、成立が衆議院が一四件、参議院が七件という数になっております。数としてはそう多いわけではありませんが、その成立した法律の中には、いろいろと重要な法律も含まれております。

その中の一つが弁護士法であります。弁護士法は、昭和二十四年の法律第二百五号として成立しましたが、私が衆議院法制部に奉職した当時、もう法律の内容としては大体できておりました。私はむしろ弁護士法制定後、日本弁護士連合会の会則とか会規などの作成のため福原部長のお供をして、日本弁護士連合会の会議に何回か呼ばれました。弁護士法の内容についていろいろと問題がありますが、それはあとで具体的にお話しすることにします。

このときの議員立法としては、憲法附属法規として、広島平和記念都市建設法（昭和二十四年法律二百十九号）、それから長崎国際文化都市建設法（昭和二十四年法律二百二十号）という法律が制定されています。この二つはいうまでもなく憲法九五条に基づく法律で、その嚆矢とされるものであります。

この二つが制定されてから、多くの地方自治特別法といわれるものが続いて制定されたのでありますが、広島平和記念都市建設法、長崎国際文化都市建設法の中身は、広島、長崎は、いうまでもなく原爆をこうむった世界で二つしかない都市でありますから、その都市を再興するために都市計画法その他の特例的な仕組みが設けられるという内容のものでありました。したがって、一つの地方公共団体のみに適用される法律だということで、この二つは住民投票に付されたということです。

坂本さんはまたその後、憲法九五条に該当する法律ではないかと考えられるような法律が、いろいろの論拠を挙げて九五条の住民投票に付さなかったというような例も記憶をしておられると思うのですが、その辺を教えていただければと思います。

◆地方自治特別法に関連して

〔坂本〕　今の上田先生のお話にありましたように、第五国会に広島平和記念都市建設法、長崎国際文化都市建設法と二つの法律が、一の地方公共団体のみに適用される法律ということで、憲法九五条の規定に基づく国会の議決だけでは法律として確定しないということで、広島、長崎の各住民投票に付されたわけです。その後、同種の法律は、第七回国会で別府とか熱海とか伊東、それから首都建設法、これは有名な法律ですが、さらに第八国会では京都、奈良、横浜、神戸、第九国会では松江、芦屋、松山、これはいろいろ各都市の建設法ということで、国際観光文化都市とか温泉文化都市とか、少しずつ違う名前の法律がいっぱい制定されまして、地方特別法ということで住民投票に付されたわけです。

この中でも首都建設法というのは、行政機関まで特別につくる日本のメトロポリスである首都の建設を進めるということで、これはいちばん大きな法律だったのです。

この当時、いずれも地方特別法ということで住民投票に付されていたのですが、占領を脱却したその後、類似の法律だと思われる法律は、憲法九五条の規定に基づく地方特別法だと法律の附則に書かないといけませんから、それをつけないようになった。

そのいちばん最初に問題になったのは、政府提出の北海道開発法なのです。これはいろいろな問題がありまして、政治的な話があるわけですが、北海道の住民投票に付されなかったわけです。

もっと中身で問題になったのは、首都建設法が廃止される。これは首都圏整備法の附則で廃止されたわけですが、首都圏整備法の附則で首都建設法を廃止するときに住民投票は要しないということで、憲法九五条の規定に基づく住民投票に付する手続は書かれなかったわけです。そしてこれは、住民投票を経て制定された首都建設法を廃止するのにこれに付さないのはどういうことかという問題があって、普通の状態に戻すからいいのではないかとか、首都建設法の代わりに今度は首都という地域圏整備法という法律ができたわけですが、これは首都圏ということで首都ではないのだ。だからこれは圏という地域を対象にするというような議論がありました。

ただ、よく法律をみますと、首都圏はちゃんと昔の首都建設法と同じように具体的な都道府県名が書いてあります。一の地方公共団体というのはオンリーワンでなくていくつかのというようなのが憲法解釈ですから、そういう問題がありまして、現在も憲法九五条は、これは憲法の条文にあるのですが削るべきではないかという指摘も、憲法改正と絡んであるわけです。

〔上田〕　今のお話のように、九五条というのは、昭和二十年代にこういうことで一〇数件ありましたが、その後は全然、あやしいなと思われるような法律にもすべていろいろの理屈をつけて住民投票をしていないのが実情で、憲法改正の議論が出たときには、これも改正するかしないかの問題の一項目になることはたしかだろうと思います。

具体的には、その後、古都保存法、古都における歴史的風土の保存に関する特別措置法（昭和四十一年法律一号）をつくるときには、古都とはどことどこを考えるか、これを法律で指定すると九五条の規定に触れるかどうかあやしいということで、古都は政令で指定することにすると特定ではないということで、九五条を免れる。狙いは奈良、京都、鎌倉だったのですが、それを政令に譲ってしまったという苦心をしてつくられた法律もあるぐらいで、問題になる一項目なのだろうと思います。

◆苦労の多い議員立法（公職選挙法の制定）

〔坂本〕　一時期は私どもも、読み方によっては地方特別法に該当しそうな法律の立案について、地方特別法にしない理屈をずいぶん考えないといけなかったそういう苦労もあったわけです。

〔上田〕　政府立法ではまずこういうのはありませんで、問題になるのはほとんど議員立法なのです。したがって、今いったようなことをどう考えるか、どのように解釈するかという議論はありました。

続いて第五国会では、今いったような議員立法もありましたが、この当時でいちばん憲法関係の問題として記憶に新しいのは、浦和充子事件といわれる国政調査権に関係する問題であります。これは憲法の教科書には全部書いてありますから、内容はもちろん皆さんご存じだと思いますが、参議院の法務委員会で、浦和地方裁判所の嬰児殺しの事件の量刑が軽すぎるということで問題にした事件であります。二十四年三月三十日に、議長にこれに関する国政調査の報告を出した。

これが、今いいましたように一審が終わってまだ訴訟継続中の事件であったものですから、これの量刑を云々することは司法権の独立を侵害するものだということで、同年五月二十日に最高裁判所が参議院議長に申し入れを行った。これがきっかけで、学界でも補助権能説、独立権権能説と、国政調査権のあり方いかんということで議論が巻き起こったトピック的事件でありますから、ひと言申し上げておきたいと思います。

もとに戻って、憲法附属法規の国会関係の議員立法ということになりますと、第七国会では特筆大書すべきことは公職選挙法の制定であります。第七国会も、衆議院提出法律案三二件、参議院提出法律案一一件、そのうち成立は衆議院二九件、参議院八件ということであります。成立件数は提出件数に比較してわりに多く成立しておりますが、全体の件数としてはまあまあというところではないかと思います。

私は直接、公職選挙法の立案にタッチしておりませんので、立案のときの苦労はそばで垣間みただけですが、この公職選挙法は、大正十四年に制定された衆議院議員選挙法、昭和二十二年に制定され

第七回国会当時の衆議院法制局
昭和25年中央に入江局長

た参議院議員選挙法、地方自治法に規定されておりました地方議会の議員・長の選挙、教育委員会の委員の選挙というようにバラバラに規定がされていたものを、総合統一して全部公職選挙法にまとめたということで、二七四条にわたる大法典です。

この法律は、ときの第一部長であった三浦さんが最初から精力的に立案にタッチされまして、この大法典の成立にこぎつけられた。ずっとこの法律には愛着があったとみえまして、昭和二十五年に法律が成立したのですが、法律番号は区切りのいい番号をつけろということで、内閣官房に掛け合ってちょっと待ちまして、ちょうど一〇〇号という法律番号をつけてもらうことにされたという逸話を残しておられます。第七国会で公職選挙法が制定されてからは、この法律の改正は議員立法によるものが多いといえます。

◆第七国会当時の議院法制局

［上田］　第七国会あたりまでで、日本国憲法制定に伴う附属法規と考えられるものもほとんど整備されたということだと思います。特に第七国会では、内閣提出法律で国籍法、これは憲法一〇条に基づく附属法規ですから、当然制定されるべき法律の一つであります。

この当時までに制定されなかった憲法附属法規として残ったのは憲法改正の国民投票法で、これが今やアップ・トゥ・デートな議題になっており、憲法調査推進議員連盟（中山太郎会長）作成の法律案が各会議で検討されている現況になっております。憲法改正の国民投票法が今までつくられておらなかったということです。

未だにつくられておらないのは公式令にあたるものです。公式令というのは、今、慣例ですべて官報に公布することでその効力を生ずることにしておりますが、これの根拠は何もないのです。戦前は公式令というものがありまして、これに全部規定があったわけですが、これは慣習法ということでおそらく今後もつくられないでこのままいくのではないかと思います。そういうことになりますと、憲法附属法規で残っているのは国民投票法ということになるのではないかと思います。

社会党内閣、社会党を中心とする連立内閣というのが正確なのでしょうか、第一国会は片山内閣、第二国会は芦田内閣ということで、ときの議院運営委員長は浅沼稲次郎さんでした。国会は国権の最高機関、唯一の立法機関になったのだから、これから議員立法が増加することは間違いない。その当時は、学説でも内閣提出法律案を認めていいかどうかという点については、現在のように内閣提出法律案が中心になるというのは議院内閣制からして当然であるという立場に定着していない時代で、むしろ議員立法中心でないといけないという議論もあったぐらいであります。したがって衆議院の法制部ということではよくない。むしろ法制部を事務局から独立させて、議長直属の法制局にすべきだということになったことは前にも申したとおりです。

特にその当時、内閣法制局はGHQから狙われまして、狙われたというのは、官僚制度の中心をなすものであまりにも権限が強すぎる。戦前の勅令とか官制といったものは、すべて内閣法制局の審査が必要だったわけです。この旧官僚制度を打破する意味合いで、その頂点にある内閣法制局というものが解体されたときでありましたので、なおさら衆議院、参議院の議院法制局というものを重要視しなければいけないという風潮にあったこともたしかだと思います。

制定当初からそういう形で議院法制局の重要性が議員のあいだにも非常に行き渡っていたこともたしかなので、その当時は占領下時代でありましたから、法律案を立案しますと、これをすべてGHQの承認、クリアランスを得ることが至上命令でありました。特に昭和二十五年七月以後は、議員立法及び政府提出法律案に対する議員修正については、法制局長が当該案件の合憲性、従前の法律及び司令部の指令との調和性等について保証することによってクリアランスを得るという制度になりまして、議院法制局の責任は一段と重くなって、諸般の点において多事多端ともいうべき時代であったということがいえると思います。

◆飛躍的に議員立法の数がふえる第十国会以降

［坂本］　議院法制局の成立後、いよいよ議員立法を議院法制局のもとで立案するという最初の時代、第七国会までのお話を上田先生にお願いしたのですが、その後、第十国会あたりから飛躍的に議員立法の数も増加して、特に第十国会以降は、議員立法の提出件数が一国会で六〇、あるいは多いときは九〇ぐらいある。このうち、野党の提出した法律案は成立しないものもありましたが、非常に提出件数が多い。そういうことで、第十国会以降、これは昭和二十五年の末、正確には二十六年ぐらいからだと思うのですが、二十六年ぐらいからのお話をお願いしたいと思います。

この当時は、保守系も自由党とか改新党とか、いくつかの政党に分かれておりました。革新系も、社会党が分裂して右派社会党、左派社会党というふうに、いくつかの政党が割拠しておった。とりあえず昭和三十年までの議員立法の流れ、これは、昭和三十年に保守合同とか、社会党の一本化ということで、これは五十五年体制が確立されたわけですが、五十五年体制が確立する前の昭和三十年までの議員立法の流れのお話をお願いしたいと思います。

国会でいいますと二二国会あたりまでで、だんだん議員立法の数も増えてきますと、議員立法に特有な法律とかそういうもののパターンもありますので、そういう点も含めてお願いします。

［上田］　議員立法の数量の点からいいますと、お話のように第十国会から非常に増えるわけです。

第十国会を例にとりますと、提出案件が、衆法七〇件、参法二七件、そのうち成立が五九件、二三件というように、提出も多いが成立件数も多いという傾向がみられます。

◆政府依頼立法という議員立法

[上田] その原因の一つは、政府依頼立法という制度が設けられたことによるものだといわれています。政府依頼立法といいますのは、一九五〇年四月にアメリカ議会制度視察議員団が、両院議長あてに国会における実現希望事項という申し入れをしたことに始まっております。その要望事項の中に、すみやかに実現を希望することの一つとして「立法府たる国会が自ら立法に任ずること、これがためには、憲法及びその他の法律に基づく内閣提出の議案以外の法律案は、党を通じて議員より提出することに改めること」という項目がありました。これが契機になりまして、与党自由党が一般の法律案は原則として議員立法としたいことを内閣に申し入れた結果、内閣が与党に提出を依頼するいわゆる依頼立法という制度が生まれたわけであります。

この依頼立法は、衆議院では第十国会に一七件、第十三国会に一三件、第十六国会に一件あります。このほか、参議院提出の依頼立法もありまして、全部で四十七件成立しております。これは、制度の複雑さ、議院内閣制のもとにおける法律提案権の問題等々から、結局、この三国会でおしまいになってしまった制度であります。したがいまして、第十、第十三、第十六国会は政府依頼立法が含まれているので件数が多くなった、といえるのではないかと思います。

その依頼立法の中には重要な法律がありまして、たとえば現在、問題になっております道路法といったものもその一つで、これは、後に総理となった田中角栄議員が中心になって提案された立法であります。

なお、依頼立法の中には森林法という法律がありますが、これは数少ない違憲とされた立法の一つであります。このときの森林法はほんとうは法制局の第三部で担当しておったものでありますが、その第三部長は入江内閣法制局長官が衆議院法制局長となられたあと、同じく内閣法制局の第三部長で、その後、最高裁判所の調査官をやり、当法制局の第三部長になられた鮫島さんが担当しておられた法律でありますが、その鮫島さんのお話を坂本さんは聞かれたということですが、どんなお話でしたか。

〔坂本〕　森林法制定後三十年以上たってから、森林法の中の町有林分割の規定が憲法に違反するという最高裁判所の有名な判決（昭和六二・四・二二大判、民集四巻三号）があったわけです。法令の規定自体が最高裁判所から違憲といわれるのは指折り数えるぐらいしかありませんが、その規定は違憲ということで現在は改正されておりますが、当時、私が鮫島先生に、これを立案されたとき、違憲ということはお考えになったかと。聞きづらい話だったのですが、そうしたら、全くその認識はなかったということでしたから、なんであれが違憲なのかという感じは鮫島先生はもっておられたのではないかと思います（鮫島眞男「立法生活三十二年」一一三頁以下参照）。

今のお話につけ加えると、そういうことでございます。

〔上田〕　依頼立法というのは、もう少し具体的にいいますと、政府での立案審査は終了して議員に提案だけを依頼するという形をとっておった時代ですから、条文的にもがっちりした法律案として作成されているということで、時間的制約もありましてこちらで精査するわけにいかなかったという点がありました。そんなことで、全く形式的に提案者だけを内閣提出から議員提出に替えるということだけでありましたから、ほんとうはそうでないのですが、議員からするとそれだけよけいな仕事を増えたというような意識があったものですから、結局、定着しなかった。議員からすると頼まれ仕事、よけいな仕事という感じが強かったのかなと思います。これはほんとうは立法権は国会にあるのだからそういうことをいってはいけないわけでありますが、実態認識はそういう一面があったのだろうと思います。

そういうことで、政府依頼立法というものがあったがゆえに、第十国会以後は提出件数も成立件数も数量的には飛躍的に増えたことは間違いありません。

入江俊郎初代衆議院法制局長のプロフィール

入江先生は、大正十三年内務省に入られ、その後法制局に移り、部長、次長を経て、日本国憲法制定時の法制局長官として活躍され、最後の貴族院議員（勅選）、国会図書館専門員を経て昭和二十三年七月七日初代の衆議院法制局長となられた。昭和二十七年八月二十六日まで在職後最高裁判所判事に転じ、昭和四十六年定年退官まで約十八年の永きにわたって判事を務められたが、この記録は今後も破られることはないであろう。退官後の翌年亡くなられたのは本当に残念である。

入江先生の著作を集めたものには「憲法成立の経緯と憲法上の諸問題」が、また随筆を集めたものに「天と地との間」があるが、短歌は皇居での歌会始めの召人であった一事でもわかるように趣味の域をこえており、その他謡曲、能、書道をたしなまれるという人間の幅の広さをうかがえる一面を身近にいて感じられる立派な方であった（私事で恐縮だが入江先生ご夫妻は私の媒酌人であり、住宅難時代で結婚後一年間最高裁公邸に同居させていただいた）。

亡くなられてからお宅に伺い、書類の整理をしていたら、戦後間もなくの時代の紙質の悪い原稿用紙にメモ書きされていたものが残っていたので法制局に保管させてもらった。

それは「幣原元議長聞き書」とメモしてあるように、幣原元衆議院議長（戦後間もなくの内閣総理大臣）といろいろな会合でお会いになったときのお話をまとめられたものである。その一部をここに掲げるが、幣原元議長のお人柄が偲ばれることはいうまでもなく、そのお話をまた軽妙なタッチでこまめにまとめて残しておかれた入江先生の洒脱なお人柄の一面にふれることができ、大変貴重な資料の一つではないかと思われる。

一　二升酒を平らげる

私は酒は二升は呑めることになっているんですよ。丁度私が朝鮮で領事をしていた頃頼もしい奴がいましてね、それと一晩のみあかしたんですな。二人で五升を平らげたんです。ところがその男はずっと後に死にましたが、その死んだあとで本を書き残したんです。その本の中に今の二人で五升を平らげたことなどが書いてありましてね、私が相当酒がいけるということは、書物の上ではっきり証拠が残ってしまいました。併し、私はその男の方がのみ助でしたから、二人で五升は呑みましたが、半分以上その男が飲んだ筈で私はまあやっと二升位をやったにすぎないのですよ。私が二升の酒を呑むということだけは証拠があるので仕方がないのです。

（二四・一一・一一、第五国会召集の日　議長就任の日、散会後議長室で）

二

私は洋酒もやりますが、昔、うまいウィスキーを持っていました。それは私がイギリスに大使館の参事官をしていた頃のことなのですが、イギリス人の友人がいましてね、その男が何かウィスキーの製造元の家柄でして、私が日本に帰る時分、とっておきのうまいウィスキーを何本かくれたのです。イギリスでも、本当にうまいウィスキーはそうはない。なんでも、そのウィスキーは、樽の中に入れてヨットで世界一周をしたとても金のかかった奴なんです。それというのが、あなた、そうやって樽の中でヨットの上でゆられゆられしている中にとても具合のいい、やわらかなウィスキーになるんだそうですよ。そいつをもらって日本へ帰って来ましてね。それで或る時、総理大臣の寺内元帥、あの南方でなくなった寺内壽一のお父さんですね、あの寺内元帥と酒の話をしたんです。丁度私が外務次官の時なんです。寺内さんは洋酒なぞうまいものはあるもんかといって、馬鹿にするんですな、そこで私は、「いやとてもうまいウィスキーがあるから、ものはためし、だまされたと思って呑んで御覧なさい」といって、一本献上する約束をしました。そおしたら寺内さんは、「儂の所にも陛下から御下賜のいいブランデーがあるからぢゃそれと交換することにしよう」といわれましてね、そこで、先づ一本を献上したんです。で、その次に会ったとき「どうでした、あのウィスキーは」ときくと、「いや、あれはすばらしい、あんなうまいウィスキーは呑んだことがなかったよ」と上機嫌です。そうして、「ぢゃ一つ儂の所の「ブランデー」と交換しよう」というわけで、ブランデーを一本くれたものです。そこで私は、「これは総理大臣のやり方とも思われませんな。あなたは総理大臣、私は一介の外務次官です。その私が一本のウィスキーを差上げたら総理大臣はこれに対して三本やそこらのウィスキーを下すってもよいですな」と私も遠慮なくやったもんです。ところが、寺内さんて人は、正直な人でしてな、私がそういうと、困った顔をして「ウンそうかな」なんぞといっていましたが、二、三日すると副官があと二本ブランデーをとどけてくれましたよ。一本のウィスキーで三本のブランデーをせしめたんですが、あのウィスキーは本当にうまかったですよ。(二四・二・一一　一話と同じ時)

◆ふえつづける議員立法の提出件数

〔上田〕　その傾向は、依頼立法がやめられてからも変化がありません。ということは、第十国会以前と比較して数量的には飛躍的に議員立法の数が多くなったというわけであります。

具体的にいいますと、十三回常会では、提出件数（継続を含む）は、衆法八四件、参法二三件。そのうち成立件数は、衆法六四件、参法一一件。

十五特別国会では、提出件数は、衆法五九件、参法一六件。うち成立件数は、衆法二五件、参法二件。十六特別国会は、衆法八八件、参法二〇件提出。成立件数は、衆法五四件、参法一三件。

第十九常会は、衆法六五件（継続案件を含む）、参法二六件提出。うち成立件数は、衆法二一件、参法六件。

第二十二特別会では、衆法七八件、参法二八件提出。成立件数は、衆法三五件、参法六件。

このように、数量的には提出件数は減ってはおりません。ただし、成立件数はぐっと減ってきております。これが一般的な数量的な流れでありますが、内容的には議員立法の中には、おみやげ法案だとか利権法案だとかいわれる質が悪いとされる立法が多いという批判がだんだんと強まってきます。しかもその中には、政府があらかじめ予算措置を講じていないために予算との整合性がないということで問題とされるような、予算を伴う議員立法が多かったことも事実であります。

◆提案権の制約が大きくなる

[上田]　特にあとに申し上げました予算との整合性という問題を、この当時、政府は非常に問題としておりました。たまたま第二十国会の一九五四年六月の乱闘騒ぎを収拾するための国会自粛の決議に基づきまして、自粛三法の一つとして、国会法の改正がなされたわけであります（成立は第二十一国会）。

その国会法改正の内容は、従来、議員立法は一人でも法案の提案ができたわけでありますが、新たに衆議院では二十人以上、参議院では十人以上の賛成者を必要とする。さらに、予算を伴う法律案については、賛成者の要件は衆議院で五十人、参議院では二十人ということになりました。

また、法案の修正案の提出につきましても同様に、衆議院においては二十人以上、参議院においては十人以上の賛成を要する。同じく予算の増額を伴うもの、または予算の増額を伴うことととなるものについては、衆議院においては五十人以上、参議院においては二十人以上の賛成を要するということで、提出のときと同様の要件を加重することになったわけであります。

これと関連して提案権の制約という意味合いでは、各政党の内部で提案のときには党四役ないし五役の署名がないと提案できない、いわゆる会派の機関承認という慣行が行われるようになってきました。これも議員立法を制約する要件の一つとなって、私と同姓の上田哲議員（当時）が国民投票法案を署名をもらわずに提案をしたいということで国会に提出手続きをとったところ、受けつけを拒否されたために裁判所に訴えた事件があると聞いております。これは私が退職してからの問題で、その辺は坂本さんから伺ったほうがよくわかります。

［坂本］　今のお話はそのとおりです。当時、社会党に所属されていた東京選出の上田哲衆議院議員が、国民投票法という法律を衆議院法制局で立案してもらって、社会党の中の賛成議員の要件をクリアして提出しようとしたところ、社会党内部でいろいろトラブルがありまして、社会党の四役が印を押さなかったのです。それで、衆議院の事務局の議案課にもっていきましたところ、これは受けつけてもらえないということで、当時の社会党の役員、これは後に総理になられた村山さんもおられたのですが、それから衆議院の事務局が訴えられました。法制局も訴訟の指定代理人として法務省と一緒に被告席に坐らされてまして、これは最高裁までいきました。

［上田］　今お話しのように、会派の機関承認といっているようですが、機関承認の制度がいつから

スタートしたのであろうか。それは、国会法の改正によって提案権の員数制限が行われたこの制度の前から、各党でこういう慣行が行われ始めたということを、東北大学の川人貞史先生が東北大学の紀要の法学六三巻四号「一九五〇年代議員立法と国会法」というところで詳細に調べて書いておられますので、大変参考になると思います。

そういうことで、提案権の制約ということがなされましたが、その後も議員立法の件数は変更はありません。ただし、提案件数の変更はほとんどありませんが、成立件数は次第に減ってまいります。というのは、五十五年体制が整ってきますと、与党の法律案は政府提案が多くなり、議員立法は野党の法律案が増える傾向になりますので、次第に提案件数は減らないけれども成立件数は減る傾向になっていくというわけであります。

◆昭和三〇年代の議員立法の類型

[上田]　先ほど坂本さんからお話がありましたので、では、この三十年代、二大政党対立までのあたりの議員立法はどんなものがあるかということで、今度は内容のほうから考え、これを類型化してみました。第一類型としては、国会関係の法律というのはほとんど議員立法で提案され、成立しておるというわけであります。国会内部の関係は、自律権の関係からいって当然のことでありますが、選挙制度、政治資金規正制度といったものも、当初は議員立法で提案され、しばらくのあいだ、その改正もほとんど議員立法でなされていた時代がありますが、その後、選挙制度の改正は内閣提出の法律と

して提案されることも間々みえるようになりました。これも大事な類型であります。

この当時における議院における証人の宣誓及び証言等に関する法律、裁判官弾劾法、国会職員法、議院事務局法、議院法制局法、国会図書館法など、国会関係の法律はすべてこの第一類型に属するわけであります。

第二類型としては、地域振興や災害対策に関する法律が考えられます。地域振興の法律としては、先ほども触れました広島・長崎の都市建設法を初めとする地方自治特別法、離島振興法、山村振興法、九州地方開発促進法といったものがありますし、昭和二十六年十月の台風による漁業災害の復旧資金の融通に関する特別措置法や、昭和二十八年六月及び七月の大水害の被害地域における災害救助に関する特別措置法といったものがあります。

これらの災害立法は、このころはこのように災害の起こるたびに個別立法をつくっておったものですから、これがそのときそのときに応じて議員立法として制定されたものでありますが、その後、激甚災害に対処するための特別措置法という法律が制定されて、そこで災害対策のほとんどが規定され、具体的な適用関係をそのときそのときの災害に応じて政令で指定するという形になりましたので、その後、個々の災害立法がつくられることはなくなったわけであります。

第三の類型としては、特定の業界のために制定された法律というのがあります。これが、たとえば弁護士法や建築士法など、いわゆる士（サムライ）法といわれるもの。すなわち資格要件を要し、その資格がない者はその業務にタッチすることができないという規制をつくるというのがその内容の主なものでありますが、そのような士法といわれるものと、個別業種ごとの営業規制や振興を目的としたいわゆる業法、たとえばクリーニング業法、宅地建物取引業法といったものが、ほとんど議員立法で成立しております。四番目は、文教族、建設族、農林族といわれるような族議員の活躍によって生まれた各種振興法といわれるものがあります。これらは、特定の政策分野においてそれぞれ政党の政務調査会が活発だったり、族議員がいたりしたことによって振興法が制定をされたわけでありますが、具体的には、文教関係では産業教育振興法、学校図書館法、理科教育振興法など、建設関係では積雪寒冷特別地域における道路交通の確保に関する法律など、農林関係では急傾斜地帯農業振興臨時措置法、湿田単作地域農業改良促進法、海岸砂地地域農業振興臨時措置法といった法律が制定されて、この辺が予算を伴うか次年度から予算も拘束することになりますので、非常に問題になって、だんだんと自粛される傾向になってくるわけであります。

次のパターンとしては、電源開発促進法のように政府部内における権限争いの結果、その調整のできなかった法律。電源開発促進法の立法過程については、小林直樹先生の「立法学研究―理論と動態」に詳しく書かれております。それから、国民の祝日に関する法律、文化財保護法といった国民的基盤で制定されるのが好ましいとされるもの、この辺は議員立法としてふさわしい一例だと思いますが、その他に、競輪、オートレース、モーターボート競争などの公営くじ関連の法律も議員立法として制定されております。

［坂本］ 最後のものは、提出したけれどボツになったのがありますね。畜犬競技法案、ハイアライ

法案、これはいずれも国民的批判が強くて、法律は提案されたのですが国会で議決する前に断念した。畜犬競技法案などは、ドッグレースのイヌが輸入されて横浜で待っていたという状況も現実にあったわけです。これらのギャンブル類は日本では、このころ以降、法律として制定されるのは難しく、これは後ほどサッカーくじの問題が生じたときも、誕生するまでは時間がかかっています。これは、後ほどお話しする機会があると思います。

［上田］　以上は内容から類型化したわけでありますが、最近の議員立法の傾向としては、第一の類型のものはずっと現在も議員立法として制定されておりますが、第二の地域振興、災害対策といった類型や、第三の特定の業界のための士法、業法といわれるようなもの、第四の特定の政策分野、建設・農林・文教族といったところで行われる各種振興法といったものは、だんだんと最近は減少の傾向であります。

むしろ最近の議員立法としては、たとえば臓器移植に関する法律や動物の保護および管理に関する法律などのように議員の個人的な倫理観、人生観に基づき熱意をもった議員によって発議される法律や、ＮＰＯ法、すなわち特定非営利活動促進法というように、次第に議員立法の傾向も多様化し、また時代とともに傾向に変化がみられるようでありますが、この点はあとで坂本さんにお話しをしてもらったほうがいいのかと思います。

なお、昭和二十七年の公法学会で「講和後の法体制の研究」の一つとして「国会による立法」がとりあげられ、鵜飼信成教授の総会報告、佐藤功教授の「いわゆる議員立法について――日本の場合とアメリカの場合との比較」、衆議院法制局川口頼好第三部長の「立法手続」の部会報告がされましたが、私も資料などでそのお手伝いをし、会員として入会させていただいたことを付け加えておきます。

◆議員立法に見られる時代相

[坂本]　第十五国会あたりから、野党から農業協同組合法案とか第十九回に最低賃金法案のような法律が提出されました。これは時代の先を読んだ法律だったのですが、野党から提案されたということで成立はしなかったのですが、後ほど、政府あるいは与党でその政策の必要性を認めて、法律として成立するわけです。そこで、議員立法は社会の先駆的な役割を果たしているところがあると思います。

[上田]　今お話しのように農業協同組合法案とか最低賃金法案といった野党立法がぽつぽつ提案されますが、これはあとでお話しする五五年体制以後に非常に顕著な傾向で、この点は五十五年体制以後、二大政党対立時代にみられる特色の大きな一つとして、後ほどお話しをしたいと思います。

今の坂本さんのお話に敷衍して申し上げますと、私は初め、二部一課に配属になって法務、建設を担当しておったのでありますが、二部二課が文部、厚生、労働の三省を担当しておりまして非常に忙しいもので、二部一課から二部二課勤務になりました。そこでは主として厚生省、労働省関係の法律を担当することになりましたので、今、一例に挙げられました最低賃金法案などは直接、立法にタッチしたわけであります。

このときの印象に非常に強く残っている例としては、今の時代と違いまして労働争議がはなやかなりしときで、特に労働争議の中心をなしているのが日本国有鉄道といった時代の国鉄であります。国鉄の争議に関しては公共企業体労働関係法という法律で規定されていましたが、この公共企業体労働関係法の一六条に斡旋・調停・仲裁の最後の仲裁裁定の規定がありまして、斡旋・調停でまとまらないときは仲裁裁定に従うことになるわけでありますが、この仲裁裁定の規定について何度も野党の改正案立案にタッチした記憶があります。

この仲裁裁定の一六条の規定の改正、これはもちろん政府与党はのみませんのでそのまま廃案となったのですが、提案を何回もしたこと、最低賃金法案と併せて家内労働法案を作成したこと、こういった労働関係の野党立法は、その当時、すぐには成立しませんでしたが、その後政府案が提出され成立することになりますが、この点はまた五十五年体制になったところで敷衍してお話しをしたいと思います。

◆弁護士法の思い出

〔坂本〕　では、上田先生が五十五年体制に入るまでに多くの立案にタッチしてこられたと思いますが、いくつかの法律の立案に絡む問題、あるいは立法技術上の問題も常々私どもはお話をお聞きしておりますので、昭和三十年ぐらいまでの個別立法にまつわる立案上の問題あるいは立法技術上の問題について、お話をお聞かせいただければと思います。これは、これから法律の立案に携わる後輩のためにもお話しいただければと思います。

［上田］　先ほどもお話しをしましたが、私が法制部に奉職をしたときからいちばん印象に残っている大法典として、現在の六法全書にも掲載されております法律としては弁護士法があります。弁護士法は、私が入局をした当時、既に立案化されておりまして、直接、条文の案文作成にタッチしたわけではありませんが、先輩からもいろいろと弁護士法の重要な問題点を聞き及んでおりましたし、その後、行政書士法、司法書士法といった士法の立案のときにも問題にしたこともありまして、弁護士法の重要な問題点を二、三点、この際、お話しをしてみたいと思います。

その第一点は、最高裁判所の規則との関係をどのように考えるべきかということでございます。高柳先生のところまでご意見を拝聴に行ったことは先ほど申し上げましたが、この問題は、いうまでもなく憲法七七条一項に、弁護士に関する事項を裁判所規則で規定することができると規定しているものでありますから、最高裁判所規則で弁護士に関する規定を設けるのがいいか、それとも弁護士法という法律で規定するのがいいのかという問題であります。

この点は、今となればそんなに大した問題ではない、もう解決ずみと思われるような問題かもしれませんが、その当時は弁護士に関する事項を最高裁判所規則でどこまで規定することができるのかという全く新しい問題だったものですから、大いに議論がされたところであります。弁護士法の中に法律事項に関係するものがありとすれば、これは七七条の規則制定権をもってしても規定することはできない。すなわち、国会は国権の最高機関で唯一の立法機関であるという明文から、基本的人権尊重の規定と三四条、三七条の規定との対照上からも、法律をもって制定することが憲法全体の趣旨から正当であると考えるのがよいのではないかということで、規則制定権は憲法で直接付与された固有の権限であるとか、法律と裁判所規則は同等の効力があるといった説を斥けて、弁護士法という法律がなじむということに最終決定をされたわけであります。

第二点は、弁護士の監督の問題です。旧弁護士法でも、弁護士会がある程度の監督権はあったわけでありますが、最終的には司法大臣の所管とするということになっておったのです。しかし新しい弁護士法は、弁護士の使命が「基本的人権を擁護し、社会正義を実現する」ことにあるというように明記され、ときには裁判所、検察庁その他の国家機関の非違を是正すべき職責を有するものとされたわけでありますから、このような弁護士の職務の独自性にかんがみて、法務省、裁判所の監督に属することは好ましくない。したがって、弁護士自治の原則を貫くべきであるということになりまして、法務省や裁判所の監督を受けない完全な弁護士自治の原則を貫いた、これが第二点であります。

第三点は、強制加入が認められるかどうかという問題であります。憲法二一条の結社の自由、二二条の職業選択の自由の規定からいいましても、会の入退会は自由にするべきが大原則であります。しかし、先ほど申し上げましたような弁護士の職務の独自性を確保するため弁護士の監督権という問題が弁護士会の自治に委ねられたのであって、これを担保するうえにおいて、弁護士会への強制加入ということも認められてもいいのではないか。

この点は、その後、司法書士法、税理士法などによって強制加入の規定が弁護士法をまねて設けられております。しかし、今いいましたように弁護士法ではその職務の独自性から行政官庁が監督することはなく、弁護士自治の原則を貫くがゆえに、その監督、取り締まり便宜のための措置として強制加入が認められている。司法書士、税理士といった会は、それぞれ法務省ないし財務省の監督下にあるわけで、弁護士会とはその点が違うわけでありますから、軽々に強制加入を認めることは問題があるのではないかと、私は前から思っているわけであります。

この点を非常に強調しておられるのは、その当時、直接、弁護士法の制定、立案にタッチされたときの法制局第二部長である福原忠男さんが、特別法コンメンタールの『弁護士法』(第一法規)で詳しく説明をされておるので、その点を参照にされたらいいのではないかと思います。

今いったように、「弁護士と強制加入とは表裏一体の関係にあるのであって、強制加入は完全自治を認められた弁護士にのみ許されるものであるとの特段な理由づけによって獲得したものなのである」と書かれておるのは、まさに今申し上げましたような経緯からなのであります。

◆法律番号引用の難しさ

[上田] 次に、六法全書に載っている法律の一つとして、認知の訴の特例に関する法律(昭和二十四年法律第二百六号)というのがあります。この法律は一項、二項だけしかない短い法律で、最近の法律のように条立てで、しかも目的、定義、本則の規定という体裁をとらない非常に珍しい形式の法律の一つであります。

その内容は、条文からしますと今いいましたように短いわけで、「今次の戦争において、戦地若しくはこれに準ずる地域に臨み、若しくは国外において未復員中その他これらと同様の実情にあって死亡し、又は国内において空襲その他戦争による災害のため死亡した者について、子、その直系遺族又はこれらの者の法定代理人が認知の訴を提起する場合には、民法（昭和二十二年法律第二百二十二号）第七百八十七条但書の規定にかかわらず、死亡の事実を知った日から三年以内にこれをすることができる。但し、死亡の日から一〇年を経過したときは、この限りでない。死亡の事実を知った日が、この法律施行前であるときは、前項に規定する三年の期間は、この法律施行の日から起算する。」という非常に短い法律であります。

なぜこれを問題にしたかといいますと、民法第七百八十七条は「死亡の日から三年以内」となっておりますが、それを「死亡の事実を知った日から三年以内」という特例を設けたわけでありますが、この内容自体は、戦後の救済措置として当然なされるべき立法の一つだと思いますが、この法律の作成で私はチョンボをしているのです。

その点を具体的にいいますと、非常に法形式的な問題でありますが、先ほど引用しました民法（昭和二十二年法律第二百二十二号）第七百八十七条但書きの規定で、その民法の法律番号の引用が間違っているという点であります。六法全書に載っている法律でチョンボが未だに残っているのは恥ずかしい次第なのですが、どこがチョンボかといいますと、昭和二十二年法律第二百二十二号というのは、戦後の民法の大改正の法律番号であります。戦後の民法の大改正というのは、総則、物権、債権のところの改正もさりながら、親族編、相続編は平仮名法律にした全部改正であります。それが、昭和二十二年法律第二百二十二号では、民法の一部を改正する法律として提案されているわけで、一部改正の法律番号を引用したという点がチョンボだというわけであります。

そこで、それでは、民法の法律番号を引用するときには、明治二十九年法律第八十九号という民法第一編、第二編、第三編が制定されたときの法律番号を引用すべきか、それとも親族編、相続編は、明治三十一年法律第九号という法律番号が使われておりますので、親族編、相続編の条文を引用するときには明治三十一年法律第九号を引用すべきかという問題が、第二の問題点としてあるわけであります。

その点については、東北大学の広中俊雄先生が『法律時報』の七一巻六号に「民法改正立法の過誤」ということで書いておられます。この問題が国会で取り上げられまして、一九九九年の十二月十八日、第一四六回参議院法務委員会で、共産党の橋本議員と法務省の民事局長とのあいだで質疑応答がなされております。広中先生が『法律時報』の七一巻六号で指摘されております標記の問題の内容は、民法の引用条文は明治二十九年法律第八十九号を引用しているのがほとんどで、明治三十一年法律第九号を引用しているのが一つだけある。それは、昭和五十一年の法律六十六号、民法の一部改正でありますが、離婚の際に復氏をしないといけないということの例外として、離婚の際の氏をそのまま称することができるという規定を設けた七六七条の改正のとき、これだけ明治三十一年法律第九号を引用しておるわけであります。

この点を広中先生は問題としているわけでありますが、法務委員会における法務省民事局の細川清局長の答弁は、「昭和六十二年の養子法の改正のときに内閣法制局とも打ち合わせまして、今後とも民法は、要するにご指摘の明治二十九年法律第八十九号を引用するのが適当である、という結論になったわけであります。理由を簡単に申し上げますと、私どもの考え方は、民法の第四編、第五編は、一編から三編の追加的改正案というものであります」と答弁をしております。

こういう点をめぐって、広中先生の問題点も前提に置いて、塩野宏先生の古希記念論文集『行政法の発展と変革・上巻』に、やはり東北大の森田寛二先生が、今度は『有斐閣の六法全書　法令のありようと法令集のありよう』ということで論文を書いておられますので、参考にしていただきたいと思います（平成十六年の民法の一部改正（法律第百四十七号）で法律番号は明治二十九年法律第八十九号一つに統一された）。

法律番号一つで論文が書けるようなことでありますから、われわれ立法者はあだやおろそかに法律番号の引用をしてはいけない。これは、私のミスを他山の石として今後の立法に携わる人たちは慎重にしていただきたい問題であるという意味合いで、自分の恥も省みず申し上げた次第であります。

◆違憲裁判手続法案

［坂本］　この時代に、これは成立しなかった法律ですが、提出だけはされた違憲裁判手続法案についてお話をお伺いしながら、また現在、この問題は、憲法裁判所の成立などの問題をめぐって憲法調査会などで非常に議論されているところでございますので、その点も含めてお話しいただきたいと思

います。

[上田]　この点は、先ほど申し上げましたように私は法務担当から厚生労働省関係担当に移りましたので、直接、立案にはタッチしておりません。ときの第二部長であった鮫島さんが中心になってこの法律の立案をされております。したがってこの点は、鮫島さんの『立法生活三十二年』（信山社）一九五頁以下に非常に詳しく内容が載っております。

[坂本]　昭和二十八、九年ですか。

[上田]　この点を私なりの理解で申し上げますと、違憲裁判については、憲法八十一条は付随的違憲審査制を定めたものであって、具体的事件を裁判するにあたってその前提として事件に適用すべき法令が違憲でないかどうかの判断が求められている場合に、これを審査するものであり、最高裁判所がその審査権をもつ終審裁判所であることを規定したものだとする第一説。

第二説は、第一説の付随的違憲審査制のほかに抽象的違憲審査制をも定めたものとする説で、具体的事件が提起されなくても、一般的、抽象的に法令が違憲でないかどうかの判断が求められている場合に、これを審査することができるのであり、したがって八十一条は、第一説の最高裁判所が通常訴訟における違憲審査権をもつ終審裁判所のほかに、この抽象的違憲審査を行う憲法裁判所としての地位も併せ有するという説であります。

第三説は、最高裁判所は、付随的違憲審査機関としての終審裁判所であることのほかに、法律によって抽象的違憲審査を行う憲法裁判所の地位を与えることもできると解する説であります。第二説と第三説とはよく似ているのでありますが、第二説が、最高裁判所は付随的違憲審査と抽象的違憲審査の両権限を当然有することとするのに対し、第三説は法律によって抽象的違憲審査の権限を付加することができるとする説でありまして、最高裁判所にそのような地位を与えるかどうかは、立法政策にゆだねられているという考え方であります。

現在は第一説が通説であることはいうまでもありませんが、鮫島さんは、今申し上げました第三説に従って立法をすることは可能であるという意味合いで、社会党の要望に従って違憲訴訟手続法案をつくられたということであります。

この考え方が合憲か違憲かという点は、私の記憶では法律雑誌ではあまり取り上げられなかったように思っておりましたが、この『立法生活三十二年』を読みますと、兼子一東大教授、入江俊郎最高裁判所裁判官、小野清一郎元東京大学教授、宮沢俊義東京大学教授、田中耕太郎最高裁判所長官の意見などが衆議院法務委員会会議録に載っておりますので、その当時はその当時なりにこの違憲裁判手続法案に対してそれぞれの学識経験者が意見を述べられた経緯が明瞭に鮫島先生の本に記されておりますから、それを参考にしていただきたいと思います。

聞くところによりますと、抽象的違憲訴訟裁判という形、すなわち具体的事件を経て行うという形のものではない訴訟、こういう考え方は現在の憲法解釈では非常に難しいという考え方が通説でありますので、具体的訴訟事件に関連して、そしてなお現在の違憲訴訟のような形よりもっと幅広く認められないかという立場から、憲法調査会でも議論がされているようでありますが、坂本さん、その辺はいかがでしょうか。

◆抽象的違憲審査制と裁判所の役割

［坂本］　現在、抽象的違憲審査制を主張される学者もほとんどおられないと思うのです。それでもなおかつ日本では抽象的違憲審査制を、ドイツの違憲裁判所のようなものを認めるべきだという議論もかなりありまして、憲法調査会でもヨーロッパを二〇〇〇年と二〇〇一年と二回にわたって視察しました。現行の憲法制度のもとの最高裁判所の違憲立法審査権の行使が消極的な形にもなっているというので、ここのところをなんとかすべきだという意見もかなりありまして、現在、憲法調査会でこの問題については学者などから意見を聞いておるところであります。

併せて、司法制度改革でもこの点はどのように取り扱われるのか、これを見守っていることも、現在の最高裁判所のあり方も含めまして問題となっております。

［上田］　ちなみに、この辺の問題は、笹田栄司先生が非常にこの点に興味をもっておられて、具体的な意見を出しておられるようであります。

それをかいつまんで申し上げますと、上告審の役割の大部分を最高裁とは別の裁判所、仮に特別高等裁判所というようなところに任せる。この裁判所は下級裁判所で、たとえば東京、大阪の二か所に三〇名ずつ置くという形で考える。そして最高裁は九名に減員してワンベンチで合議体を形成し、違憲審査及び判例変更について判断するとともに、これまで最高裁の判断が示されていない法律問題を管轄する。また、「国と地方自治体の間の係争」等は制度的に最終審を最高裁判所にする。こうすることによって、最高裁が上告審としての機能も一部もち、通常の司法裁判所の系列とつながっていく。というように、違憲審査部門を活性化するという発想で新しい考え方を表明しておられる。そういう興味をもっておられる学者先生は非常に多いところでありますから、これからこの辺は問題になるのではないかと思います。そして、違憲裁判手続法案というものがかつて提案されたことも、議論する前提においてもらえば幸いだと思います。

〔坂本〕　なお、憲法調査会に参考人として出席されました城西大学の畑尻剛教授は、ドイツの憲法裁判所の制度などをお話しされたあと、先生としては最高裁判所の中に憲法部というものを設けて、付随的審査制の中で違憲判断の問題が高等裁判所などで出てきた場合は、憲法部にただちに問題をかけるということで、最高裁判所の中の憲法部で憲法判断をする。この考え方は、憲法改正をやらないで法律改正の範囲内で最高裁判所の憲法判断の機能をできるだけ効率的に行使させようということなのです。

これはあくまでも当時、鮫島さんのところでおやりになった抽象的違憲審査制ではなくて、付随的違憲審査の中で、現在の最高裁判所で憲法判断だけを独立してやれるような形をとりたい。そこで憲法判断が決着がついたあとに、訴訟全体を考えようということのようです。

◆施行前の法律の改正について

［上田］　もう一つだけ、これは立法技術編の問題と関連して申し上げたいのですが、まだ施行されていない法律を施行の前段階でもう一度改正するということが、往々にして最近もみられるようです。いったん施行してから、その施行状況をみてから法律を改正するというのならまだしも、未施行の時代に法律を改正して、そして改正された法律を施行するというのは、制定された法律が不十分であるにもかかわらず法律として制定する。そして実施されるまでのあいだに手直しをしないといけない。

どちらかといえばぶざまな法律を制定したということになりますので、こういうことはあまり好ましくないわけでありますが、昭和二十年代、特に占領中の司令部のサゼスチョンに基づいて行われた制度改正にいきすぎがあるということで、その後、改正をしなくてはいけないという例の一つとして医薬分業の問題があります。具体的には医師法、歯科医師法および医薬医事法の一部を改正する法律ということで、昭和二十六年に法律二百四十四号として制定されましたが、これは、今申し上げましたように総司令部のサゼスチョンに基づいた医薬分業の法律であります。

この法律は、あまり急激な制度改正は現実の実態に合わないということで、わが国が独立してから一度、その実施時期である昭和三十年一月一日を一年三か月延ばして昭和三十一年四月一日施行ということにしたわけでありますが（昭和二十九年法律第二十二号）、その施行はもう引き延ばせないということで、それでは医薬分業の内容を少し緩やかにして実施しようではないかということで提案されたのが、昭和三十年法律百四十五号であります。すなわち、医師法、歯科医師法及び薬事法の一部を改正する法律の一部を改正する法律が二度提出されたことになります。

その内容は、一言でいうと医薬分業を少し緩やかにしようということでありますが、一つは、医師、歯科医師の処方箋交付に関する点を、治療上、医師、歯科医師が直接投薬をする必要のある場合を省令で決めて、この場合に限り処方箋を交付しないでよいということになっておりますが、今回は、患者またはその看護者が処方箋の交付を必要としない旨を申し出た場合及び法律に列挙した項目に該当する場合には、処方箋を交付しなくてよいことにするというように緩和しようというものであります。

第二点は、医師、歯科医師の調剤に関する規定に違反した場合の制裁として定められておる刑事罰を一万円以下の罰金にしようというものであります。

第三点は、薬事法において調剤の権能を薬剤師だけに限っておりますが、これを医師、歯科医師にも認めようということであります。

このような改正をすることによって、医薬分業を緩やかな内容のもとに昭和三十一年四月一日から実施するための法律が、今申し上げました医師法、歯科医師法および薬事法の一部を改正する法律の一部を改正する法律という内容であります。

これは法形式として、一部改正の一部改正という点が非常にレアケースでありますが最近でもこのような例は時たまありますから立法技術の一つとして参考までに申しておきます。

◆**期限付き法律の改正について**

［上田］　最後に、この当時、鮫島さんから教わった立法技術論を一つだけお話しします。これは具体的な法律でお話ししたほうがわかりやすいと思いますので、古い法律ですが条文を申し上げます。

医師等の免許及び試験の特例に関する法律（昭和二十八年法律第百九十二号）

第一条　昭和二十年八月十五日以前から引き続きソビエト社会主義共和国連邦、樺太、千島、北緯三八度以北の朝鮮、関東州、満州又は中国本土の地域内に在って、昭和二十八年三月二十三日以後に引き揚げた者（以下「引揚者」という。）であって、医師法（昭和二十三年法律第二百一号）第三十六条第三項の規定に該当するものに対する医師免許及び試験については、昭和三十年十二月三十一日まで、なお同法同条同項の例によることができる。

この規定は、いうまでもなく昭和三十年十二月三十一日をすぎると実効性を失うこととなるけれども、この期限経過後にこの規定の効力を延ばしたいという要請に対してどう対処したらよいかというのが、この問題のポイントであります。

この場合、⑴としては「昭和三十年十二月三十一日」とあるところを、たとえば「昭和三十四年十二月三十一日」と改正してよいか。

⑵は、期限がすぎており、第一条の規定は死文化しているから、⑴のような改正はすべきではなく

て、別の新しい条文を新設すべきではないか。

(3)は、(2)の場合、現在の第一条は死文化しているから、この第一条を全文改正して（もとの条文は結果的に削除されることになる）、新しい条文を規定してよいか。

この三つの方法がありますが、なるほどこの第一条は昭和三十年十二月三十一日をすぎれば適用されない死文かもしれないが、医師等の免許および試験の特例に関する法律そのものは廃止されない限り、厳然として存在するし、第一条を改正する(1)の方法をとってもよいのではないかと考えられる。しかし鮫島部長は(2)の考え方に立って、さらに(3)のような考え方ではなくて、新規条文を起こしてもとの第一条は削除しない。すなわち、新たに第一条の二として、もとの第一条と同様の条文を書き、ただ「昭和三十年十二月三十一日」とあるところだけ「昭和三十四年十二月三十一日」と変えればよい、これが鮫島部長の回答であります。

したがってこの条文を次に書きますと、

医師等の免許及び試験の特例に関する法律の一部を改正する法律（昭和三十一年法律第百七十八号）

医師等の免許及び試験の特例に関する法律（昭和二十八年法律第百九十二号）の一部を次のように改正する。

第一条の次に次の一条を加える。

第一条の二　引揚者であって医師法第三十六条第三項又は第四項の規定に該当するものに対する医師免許及び試験については、昭和三十四年十二年三十一日まで、なお同法同条第三項の例によることができる。（以下略）

「昭和三十年十二月三十一日」を「昭和三十四年十二月三十一日」に改めるというようにしないで、その期限がすぎているから第一条の二を新たにおこすべきであるという解決方法が鮫島部長から教えられたところであり、このような形で法律改正を行ったところであります。

このように、条文の期日が規定されておって、その期日がすぎたあとで期日前と同じような内容を期日後に規定するときには新しく条文をおこせ、というのが鮫島さんから教わった大原則でありますが、その後の立法例をみますといろいろあります。今のように免許および試験の特例といった権利設定という規定であれば、昭和三十年、期限の切れたその期限のところを直すだけですませた立法例もありますが、その期限が罰則を伴うような場合であれば、やはり問題があるのではないか。

たとえば優性保護法の一部改正というのがあります。優性保護法附則第三十九条では「都道府県知事の指定を受けて受胎調節の実地指導を行う者は、受胎調節のために必要な医薬品で厚生大臣の指定するものに限り、薬事法第二十四条第一項の規定にかかわらず販売することができる」と規定しております。しかしこの規定は、昭和三十五年の制定当時から五年間に限って認められ、その後五年ごとに延長していますが、昭和五十五年改正のとき、期限が切れたため、あとで延長のための改正が行われたのであります。その改正法は次のように規定されています。

優生保護法の一部を改正する法律（昭和五十五年法律第八十三号）

優生保護法（昭和二十三年法律第百五十六号）の一部を次のように改正する。
第三九条第一項中「昭和五十五年七月三十一日」を「昭和六十年七月三十一日」に改める。
附則　この法律は公布の日（昭和五十五年十一月六日）から施行する。

以上のように、八月一日から公布の日の前日である十一月五日まで約三か月間の空白が生じたが、その間に右の者が販売行為を行うと薬事法二十四条第一項違反となり、同法第八十四条の罰則が適用されることになる。この罰則との絡みもあって、どのような改正形式によるのがよいか、単なる期限の延長でなく、別に条文をおこして期限だけを変えた同様の条文を新たに設けるのがよいかが検討されたのでありますが、以上のような改正条文に落ちついたようであります。

まず、この改正案は期限の切れる以前に準備されていたが、国会解散等のため、制定されなかっただけで、期限をさらに延長する趣旨のもとに作成されたものであること、更に罰則との関係では、三ヶ月ばかりの短い期間のことであるから、監督官庁である厚生省から空白期間内の販売行為は違法となる旨の確認及び違法行為防止のための指導をすべきことの通達が出され、行政措置に万全を期していることがその理由とされています。この改正形式は先ほどの⑴の形式によったわけでありますが、⑵、⑶の方法がとれなかったという実情があるから妥当といえるかもしれないが、鮫島部長の発想では、新たに条文をおこすのがベストであるというのがその基本的な考え方であることは間違いないだろうと思います。

〔坂本〕 処罰はしないという。

〔上田〕 はい。このときは実態的には処罰しないということで行政指導でやる。それと、前から提案しておるので、新たに出し直すことはちょっと無理だ。その二つの理由でこういうことが認められた例の一つです。

〔坂本〕 似たような法律で期限を付しているものについて、その後もいくつかの問題があります。一つは、これは上田先生が直接、部長としてタッチされた法律だと思いますが、沖縄返還に伴う土地使用法です。昭和四十七年の五月十五日に沖縄復帰がありまして、それから五年間だけ沖縄の土地を復帰に伴う暫定使用ということで米軍、自衛隊が使用しておったわけですが、この期限が五年後の昭和五十二年五月十五日に切れたわけです。それで四日間ブランクがあって、期限だけ延ばして使用を継続したわけです。国会でいろいろ紛糾しまして、なかなかその期間を延ばす法律が成立しなかった。それで四日間ブランクがあって、期限だけ延ばして使用を継続したわけです。そうしたら、その期間は違法の土地使用、沖縄で非常に問題の多い土地使用ですが、これをどう理屈をつけるか、そもそもそういうことができるのかという問題と二つありまして、ブランクのあいだの使用の根拠は、民法で規定されている事務管理という理論を出されたということを聞いております。

それから、切れた法律の期間の延長は、普通、あまりできないと前もって私たちは聞いていたのですが、それもされたということがあったのですね。

〔上田〕　この点は、立法技術編としても、政府提出法律案を全文修正して題名から変えて参議院に送付され、その後空白期間を経て制定された法律だという意味合いもあり、内容的にも非常に問題がある法律なものですから、昭和五十年代の法律のときにもう少し具体的にお話したいと思います。

なお、法律の附則で「この法律は、〇月〇日までに廃止するものとする。」と規定された期限付きの法律も多く見られますが、これは、「この法律は、〇月〇日限り、その効力を失う。」と規定される場合と違って別に廃止法を提出しなければならず、廃止法が成立施行されるまでは、その期限がきてもなお法律として存続するということになります。従ってその期限経過後にその期限を更に延長することもできるわけでありまして、肥料価格安定等臨時措置法の一部を改正する法律（昭和四十五年法律第六十二号）、日本原子力船事業団法の一部を改正する法律（昭和五十二年法律第八十一号）などがその例です。ただ、大学の運営に関する臨時措置法（昭和四十四年法律第七十号）のように、大学紛争がおさまった後も長い間廃止措置をとられず、さればといって延長措置もとられない状態が続いていましたが、これは決して好ましい状態といえないでしょう。

Ⅱ　五十五年体制の時代に入って

上田　章

ききて　坂本一洋

◆五十五年体制と議員立法

［坂本］　戦後十年を経て、昭和三十年十月に社会党の左右の統一が行われ、十一月に民主、自由が合同して保守合同が行われ、二大政党の時代、五十五年体制に入ることになりました。昭和二十年代の十年間と違いまして、二大政党、人によっては一・二分の一という言い方をする人もいますが、二大政党時代に入りまして、政党の枠組みが変わったことに伴う議員提案のあり方もかなり変わってきました。その後、平成四年（一九九三年）に自民党が分裂して新進党などが成立して連立内閣である細川内閣が誕生するまでの三十八年間が五十五年体制といわれております。

このあいだに法案の提出できる政党としては、民社党が議席二〇以上ありましたので、予算の伴わない法律案を提案できることになっておりました。昭和四十二年から公明党が衆議院に進出してきまして、これも予算を伴わない法律案は提案できるようになりました。共産党は当時、非常に議席数が少なくて、昭和四十七年まで法案の提出はほとんどしておりません。

そういう五十五年体制のもとにおける議員立法がどうあったかということから、上田先生にお話しをしていただければと思います。

［上田］　今、お話がありましたように、五十五年体制というのは三十八年間ばかり続いたわけです。自民党の政権が続いたとはいえ、その三十八年のあいだには、選挙の結果、絶対多数の場合もありましたし、保革伯仲になった場合もありましたし、時代、時代によって政治的背景は違うわけでありますが、そういうものをバックにしまして、鳩山、岸、池田、佐藤、田中内閣あたりまでの高度成長期、

これに対応してそのひずみを是正するための公害立法、消費者保護立法といったものが制定された昭和四十年代、その四十年代の終わりの頃の田中内閣でのオイルショック時代までをひとくくりにしまして、きょうはお話を進めていきたいと思っています。

法律はその時代背景というのが非常に重要でありますから、順序に従いまして、鳩山内閣時代からどのような状態であったかということで話を進めたいと思います。この時代を総括して、あえて議員立法の特色はどうかといわれますれば、まず第一に挙げられるのは、与党は政府立法中心、内閣提出の法律を中心とすることになり、今度は議員立法は野党法案が非常に多くなる。ほとんど議員立法は野党法案である。皮肉にも両院の法制局は野党法制局というようなことがいわれた時代がくるわけであります。その点を具体的な資料でお話ししますと、たとえば戦後、昭和二十二年の通常国会では、議員提出法律案三一件に対して二三件成立。この件数は、衆参両方の法律案を合わせての数です。

昭和二十三年の通常国会では、一四件に対して成立一一件。

昭和二十四年の通常会では、三三件提出されたのに対して二一件も成立している。

昭和二十五年第十通常会からは政府の依頼立法というものがありましたので、提出件数も多ければ成立件数も多いということになるわけです。

以後昭和三十年の二大政党に集約されるまでとそれ以後とでは表を見てもわかるとおり、提出法案の件数は二大政党対立以前と対立後ではそんなに変わってはおりません。これは逆にいいますと、昭和三十年の国会法の改正で議員立法の提出のための要件、すなわち、今までは一人でも議員立法を提案できたにもかかわらず、三十年の国会法の改正で、衆議院では、二十名以上の賛成がないとだめだ。予算を伴うものは五十名以上というような制約があったにもかかわらず、提出件数は第十六特別国会を除きそんなに変わりはないわけでありますが、しかし、提出者が野党であることが非常に多くなったことに伴いまして成立件数が非常に低い。すなわち成立率が非常に低下したということが特色の一つとしていえるのではないかと思います。

◆野党法案の特色

［上田］　では、野党法案はどういう内容のものがあるか、野党法案の特色を申し上げたいと思います。

まず、非常に数多い野党法案の特色の一つとしては、政府が提出した法律案に対して、野党は政府案とどこが違うかという点を中心にした対案、対抗案といいますか、そういうものを提出する場合が非常に多くなってきたわけであります。たとえば農業基本法とか中小企業基本法といった基本法がこの当時から政府提案で提出されてくるわけでありますが、これに対して野党は、同じ題名の基本法、野党が主張するところの内容を含んだ基本法案というものを政府提出の基本法案に対する対抗案として提出をするわけであります。

結論的には野党法案は少数でありますから通らないで、政府提出の法律案が法律として成立することになるわけでありますが、政府案に対して野党の考え方が一般に国民に公になることになったわけ

政府立法及び議員立法の提出件数、成立件数及び修正件数①（「継続」は前国会からの継続案件数を示す　＊印は両院協議会成立を含む）

国会回次	召集日（昭和年月日）	会期終了日（昭和年月日）	会期（日）	閣法 提出 新規	閣法 提出 継続	閣法 成立	閣法 成立 うち修正	衆法 提出 新規	衆法 提出 継続	衆法 成立	衆法 成立 うち修正	参法 提出 新規	参法 提出 継続	参法 成立	参法 成立 うち修正	内閣
1 特別	22・5・20	22・12・9	204	161		150	49	20		8	1	2				片山内閣
2 通常	22・12・10	23・7・5	209	225		190	52	21		20	6	10		3	1	芦田内閣
3 臨時	23・10・11	23・11・30	51	40	8	32	3	5		4		3		1		吉田内閣
4 通常	23・12・1	23・12・23（解散）	23	23		22	3	5		5		9		6		
5 特別	24・2・11	24・5・31	110	212		198	67	22		14	2	11		7	2	
6 臨時	24・10・25	24・12・3	40	60	3	51	8	11	2	10	1	4	1	2		
7 通常	24・12・4	25・5・2	150	196		187	53	32		29	8	11		8	1	
8 臨時	25・7・12	25・7・31	20	20		17	4	14		11	5	2	1			
9 臨時	25・11・21	25・12・9	19	43	2	39	6	11	2	10	1	3	1	2		
10 通常	25・12・10	26・6・5	178	181		173	34	70		59	16	27		22	1	
11 臨時	26・8・16	26・8・18	3	1	6				4				5			
12 臨時	26・10・10	26・11・30	52	54	6	52	6	8	4	6	1	3	5	3	1	
13 通常	26・12・10	27・7・31	235	249	5	241	＊99	80	4	64	21	19	4	11	4	
14 通常	27・8・26	27・8・28（解散）	3		8			1	6				2			
緊急集会	27・8・31	27・8・31	1													
15 特別	27・10・24	28・3・14（解散）	142	187		50	7	59		25	＊6	16		2	1	
緊急集会	28・3・18	28・3・20	3	4		4										
16 特別	28・5・18	28・8・10	85	169		159	＊40	88		54	＊11	20		13	2	

政府立法及び議員立法の提出件数、成立件数及び修正件数②

（「継続」は前国会からの継続案件数を示す＊印は両院協議会成立を含む）

内閣	国会回次	召集日（昭和年月日）	会期終了日（昭和年月日）	会期（日）	閣法 提出 新規	閣法 提出 継続	閣法 成立	閣法 成立 うち修正	衆法 提出 新規	衆法 提出 継続	衆法 成立	衆法 成立 うち修正	参法 提出 新規	参法 提出 継続	参法 成立	参法 成立 うち修正
吉田内閣	17 臨時	28・10・29	28・11・7	10	15	2	15	4	13	12	2			5		
	18 臨時	28・11・30	28・12・8	9	10	2	9	2	3	18	3		1	5	2	1
	19 通常	28・12・10	29・6・15	188	183	2	178	63	51	14	21	7	22	4	6	
	20 臨時	29・11・30	29・12・9	10	11	6	10	2	22	22	9	2	2	15	3	2
鳩山内閣	21 通常	29・12・10	30・1・24（解散）	46					16		4		3			
	22 特別	30・3・18	30・7・30	135	150		135	37	78		35	6	28		6	2
	23 臨時	30・11・22	30・12・16	25	10	2	11	2	9	4	5		1	12		
	24 通常	30・12・20	31・6・3	167	172	1	141	27	71	6	19	6	13	13	8	1
	25 臨時	31・11・12	31・12・13	32	10	21	4	2	10	26	6		1	9		
石橋内閣	26 通常	31・12・20	32・5・19	151	158	24	154	41	50	25	20	3	17	10	3	
岸内閣	27 臨時	32・11・1	32・11・14	14	5	20	7		13	35	3		2	16		
	28 通常	32・12・20	33・4・25（解散）	127	159	16	145	50	27	41	15	4	19	15	5	1
	29 特別	33・6・10	33・7・8	29	5		5		16				1			
	30 臨時	33・9・29	33・12・7	70	41		6		13	8			6	1		
	31 通常	33・12・10	34・5・2（参議院議員の半数の任期満了）	144	185		171	42	69		12	1	14			
	32 臨時	34・6・22	34・7・3	12	2	7	2		1	25				4		
	33 臨時	34・10・26	34・12・27	63	33	7	34	8	26	26	4	1	2	4		
	34 通常	34・12・29	35・7・15	200	155	4	125	30	48	26	13	1	4	6	2	

池田内閣	35	臨時	35・7・18	35・7・22	5		25		4	1	35	1			4		
池田内閣	36	臨時	35・10・17	(解散)35・10・24	8		21			7	35				4		
池田内閣	37	特別	35・12・5	35・12・22	18	25		23	4	7		4		1			
池田内閣	38	通常	35・12・26	36・6・8	165	211		150	31	60	2	8		35	1	2	1
池田内閣	39	臨時	36・9・25	36・10・31	37	75	1	69	13	34	1	8		12	7	1	
池田内閣	40	通常	36・12・9	37・5・7	150	160	6	140	26	49	17	7	2	17	8		
池田内閣	41	臨時	37・8・4	37・9・2	30	3	15	11	4	11	32	3		9	1	1	
池田内閣	42	臨時	37・12・8	37・12・23	16	11	4	3		1	35				6		
池田内閣	43	通常	37・12・24	38・7・6	195	185		158	23	53		7		34		2	
池田内閣	44	臨時	38・10・15	(解散)38・10・23	9	36		1		7		1		1			
池田内閣	45	特別	38・12・4	38・12・18	15	13		11	2	5		2					
池田内閣	46	通常	38・12・20	39・6・26	190	174	2	158	49	62	1	13		18		1	
佐藤内閣	47	臨時	39・11・9	39・12・18	40	10	9	12	2	9	19	1			5		
佐藤内閣	48	通常	39・12・21	40・6・1	163	134	5	125	34	45	19	10	2	19	5	4	
佐藤内閣	49	臨時	40・7・22	40・8・11	21	5	5	4	1		24						
佐藤内閣	50	臨時	40・10・5	40・12・13	70	15	6	3			24			3			
佐藤内閣	51	通常	40・12・20	41・6・27	190	156		136	44	60		11		18			
佐藤内閣	52	臨時	41・7・11	41・7・30	20		11	2			23				3		
佐藤内閣	53	臨時	41・11・30	41・12・20	21	11	7	12	2	1	22	1	2	2	3		
佐藤内閣	54	通常	41・12・27	(解散)41・12・27	1		3				20				2		
佐藤内閣	55	特別	42・2・15	42・7・21	157	152		131	30	43		6		13			
佐藤内閣	56	臨時	42・7・27	42・8・18	23	2	11	1	1	2	15			1			

政府立法及び議員立法の提出件数、成立件数及び修正件数③

（「継続」は前国会からの継続案件数を示す
＊印は両院協議会成立を含む）

国会回次	召集日（昭和年月日）	会期終了日（昭和年月日）	会期（日）	閣法 提出 新規	閣法 提出 継続	閣法 成立	閣法 成立 うち修正	衆法 提出 新規	衆法 提出 継続	衆法 成立	衆法 成立 うち修正	参法 提出 新規	参法 提出 継続	参法 成立	参法 成立 うち修正	内閣
57 臨時	42・12・4	42・12・23	20	8	7	8	1	4	8	1						佐藤内閣
58 通常	42・12・27	43・6・3	160	108	7	95	29	45	9	7	1	15		2		佐藤内閣
59 臨時	43・8・1	43・8・10	10		7				19							佐藤内閣
60 臨時	43・12・10	43・12・21	12	9	6	7	5	3	18							佐藤内閣
61 通常	43・12・27	44・8・5	222	113	6	66	21	58	18	4		22				佐藤内閣
62 臨時	44・11・29	4・12・2（解散）	4	33		26	2	2		1		11				佐藤内閣
63 特別	45・1・14	45・5・13	120	109		98	13	39		17		22		1		佐藤内閣
64 臨時	45・11・24	45・12・18	25	27	4	28	11	5	6	2						佐藤内閣
65 通常	45・12・26	46・5・24	150	105	3	96	16	35	4	15		19				佐藤内閣
66 臨時	46・7・14	46・7・24	11		6				12							佐藤内閣
67 臨時	46・10・16	46・12・27	73	22	6	15	1	8	12	4						佐藤内閣
68 通常	46・12・29	47・6・16	171	115	13	104	39	48	8	14		10				佐藤内閣
69 臨時	47・7・6	47・7・12	7		11				16				1			田中内閣
70 臨時	47・10・27	47・11・13（解散）	18	9	11	12	2	4	16	3			1			田中内閣
71 特別	47・12・22	48・9・27	280	128		103	38	65		14		25		1	1	田中内閣
72 通常	48・12・1	49・6・3	185	95	20	94	36	44	21	14	1	3	13			田中内閣
73 臨時	49・7・24	49・7・31	8		8			3	26							田中内閣

であります。そういう政府提出法案に対する対抗案というようなものが非常に多いということが第一。

野党法案の第二の特色としては、政策先行型といわれるようなものがあります。これは、野党の積極的な政策提案が議員立法として提出されますが、政府与党では野党案をのめないとして、すぐには賛成しない。したがって野党法案は廃案になることが多いわけでありますが、その問題とするところが明らかになるにしたがいまして、世論の動向もあり、政府としてもこれを無視することができなくなって、何年か後にはさきに提案された野党法案を参考にして、これを手直ししつつ、後日、政府からその法案の提出を促すというような場合が、今いった政策先行型といわれるものであります。

具体的にいいますと、現行法として制定されております最低賃金法、家内労働法、駐留軍関係離職者等臨時措置法などの労働関係法律や、中小企業団体の組織に関する法律、小売商業調整特別措置法などの中小企業関係の法律、消費者保護基本法、現行の育児休業、介護休業等育児又は家族介護を行う労働者の福祉に関する法律の前の旧義務教育諸学校等の女子教育職員及び医療施設、社会福祉施設等の看護婦、保母等の育児休業に関する法律などは、まさに野党案が先行して国会に提案され、後に内閣提出の法律、あるいは与野党合意の上の議員提出法律として成立した例であります。

第三として野党独自の政策表明にとどまる政策表明型というのがあります。住宅保障法案(社)、住宅基本法案(公)、中小企業省設置法案(社・公)など選挙公約を立法化したものが多いようであります。

◆鳩山内閣時代の議員立法――憲法調査会法と原子力基本法

［上田］　大まかにそういう議員立法の特色を踏まえたうえで、鳩山内閣からどんな法律が制定されたか、またその内容の特色などを、順序に従ってお話ししていきます。

まず、鳩山内閣で重要と思われる議員立法は、憲法調査会法と原子力基本法だと思います。憲法調査会法は、この当時の憲法調査会は内閣に設置される。そのメンバーも、議員と学識経験者が入る形をとっております。したがいまして、現在の両院におかれる憲法調査会とは非常に性格が違うと思うのですが、坂本さんはまさに現在の調査会の事務局長ですから、この辺の問題について詳しいと思いますので、お願いしたいと思います。

［坂本］　鳩山内閣の時代、正式にいいますと第二十四国会、昭和三十一年に憲法調査会法が成立したのです。これは、保守合同の結果できた自由民主党の党是といいますか、そこに憲法改正を掲げていたわけです。それに従いまして保守合同で自由民主党が成立して、鳩山内閣が成立したときに、ただちにこの法律は鳩山内閣として提出する動きになりました。これは形は議員立法になったわけですが、今お話がありましたように国会議員と学識経験者で組織する委員、これは政府に置く調査会ですからそういう構成ができるわけですが、各議院に置かれる場合は議員以外の者をメンバーにはできませんので、構成は違わざるをえません。

もう一つは、当時、憲法改正に反対している政党、社会党、それから憲法改正に反対している学識経験者は、この委員に委嘱されても断りまして、最後まで委員のかなりの部分が欠員の状態で、これはたしか昭和三十八年まで調査をやって、報告書が三十九年に出ているのですが、片肺の調査会だったわけです。この調査会は四〇〇回余り審議しました。海外調査、全国各都道府県、地方ブロック、中央と、五〇回余りの地方公聴会、中央公聴会をやりまして、一般の人の意見も聞いたわけですが、委員の構成上の問題もありまして、調査の結果は膨大な報告書が出ておりますが、国会に報告されただけで終わっているわけです。

それから四十年以上たちまして、平成十一年に国会法の改正があって衆参両院に憲法調査会がまた新しく設置されて、現在に至っているという状況になっております。

[上田]　内閣に設置された憲法調査会と現に各議院に置かれている憲法調査会とは、性格が全く違う、構成が全然違うという意味合いにおいては、まさにそのとおりだと思うのですが、内閣に置かれた憲法調査会は膨大な報告書を、両論併記的な意味合いでいろいろな立場からの議論が全部網羅されて報告されておりますが、今度の憲法調査会はどういう結論になるか、まだ先はわかりませんね。

[坂本]　このたびの議院に置かれる憲法調査会は、設置のときの確認事項として述べられておりますように、憲法改正の発案はしない。日本国憲法について広範かつ総合的な調査を行うということでスタートしております。それでかなり外部から参考人を呼んだり、地方公聴会などを行いまして調査を進めておりますが、さしあたり中間報告を提出して、五年をめどに調査の結果をまとめることになっております（平成十三年十一月中間報告書は提出された）。

すなわち、この調査会が憲法改正の発案をするとかそのようにとられているむきもありますが、そういうことではなくスタートしております。憲法改正の問題は、それがもしあれば、あるいはまとまれば、別なラウンドでやるということです。

［上田］　そういうことで、憲法調査会の動きはむしろこれからが大変なので、今後の動きを注目していきたいと思います。

それに、重要な議員立法として原子力基本法というのを申し上げましたが、これは直接私はタッチしていないので、あまり内容について云々はできないのですが、昭和三十年の十二月になって、二十八日の御用納めが終わってからあとも、担当の当時の第三部の部長以下、正月もなしに出勤して、原子力基本法案の審議をやっておられたことを記憶しております。いうまでもなくこの原子力基本法が、教育基本法を除けば、基本法ばやりの最初ではないかと思います。

この基本法は、原子力の研究開発及び利用についての基本理念、原子力行政のための法体系と機構を整備し、将来におけるエネルギー資源を確保することなどを目的とした内容でありますが、この基本法に基づいて原子力委員会や原子力安全委員会の設置法、核原料物質、核燃料物質および原子炉の規制に関する法律といった法律が次々と制定されてくるそのスタートラインになった。それが議員立法で制定されたというのも、興味ある一つのあらわれではないかと思うわけであります。

［坂本］　私は当時まだ法制局に入っておりませんでしたので、詳しいことはわかりませんが、あとになって、憲法調査会法、原子力基本法、いずれも提案者を見ますと、憲法調査会のほうは岸信介議員。当時はまだ議員です。原子力基本法は中曾根康弘議員が中心となっておられ、いずれも後ほど内

閣総理大臣になられた方だということからも、保守合同にあたってのスタートとして重要な、意義深い議員立法ではないかと思われるわけです。

◆岸内閣時代の議員立法——角膜の移植に関する法律

［上田］　お話のとおりで、鳩山内閣は期間としては短かったわけでありますが、ソビエトとの条約に吉田さんと対抗するという鳩山さんの気持ちが非常に強かったこともあって、不自由な体でありながらモスクワに条約調印のためにいったことが非常に印象に残っておりますが、今お話しのあったような重要な議員立法が二つ成立しているのが印象的であります。

続いて、岸内閣になるわけです。石橋内閣が昭和三十一年十二月に成立し、石橋総理の健康上の理由で昭和三十二年二月に総辞職をしてしまうということで、実質上は鳩山内閣から岸内閣に移るということになるわけでありますが、岸内閣では、防衛力整備のための防衛庁設置法の一部改正と自衛隊法の一部改正と、これは防衛二法といっておりますが、その後、次第次第に防衛力の整備のために、毎年のごとく防衛二法といわれるものの改正法は提案されるわけでありますが、岸内閣のときもそのはしりとして防衛二法の改正というものが内閣の特色をあらわしています。

それとともに有名な警察官職務執行法の一部改正というものが国会に提案されて、この法案について社会党の猛烈な反対にあい、会期延長の有効・無効をめぐって対立のまま国会審議が停滞、結局、党首会談を開いて政治的申し合わせが決定して、法案は廃案になるという動き。さらに、第三次岸内閣における安保改定が岸内閣の命運を絶つことになるわけであります。いってみれば非常に岸さんの性格をあらわした内閣であることは、今申し上げましたようなことで明瞭になっているかと思うのです。

この時代の議員立法としては、そう大きく取り上げられるような問題はあまりないのでありますが、第一に、私が立法にタッチした法律では角膜移植に関する法律（昭和三十三年法律第六十四号）というのがあります。これは、角膜の移植ということは刑法の死体損壊罪にあたるということで、法律を制定しなければ角膜も摘出して他人に移植することはできないのではないかという議論があり、新しく角膜移植に関する法律を制定しようではないかという動きになったわけであります。

これが今日における臓器移植のはしりで、この法律制定のときは、今の憲法調査会長である中山太郎さんのお袋さんの中山マサさんが女性で初めて厚生大臣になった時代で、私は、この法律のお手伝いをしたというので、わざわざ日赤に呼び出されまして感謝状をいただいたという思い出があります。

角膜移植に関する法律は、その後、角膜と腎臓に広がりまして、そして現在の臓器移植法に移ったのだと思いますが、現在の臓器移植法制定のときには坂本さんはだいぶタッチしておられたと思うので、その辺の話を続けてお願いしたいと思いますが、どうでしたか。

［坂本］　私は、当時の第二部長として法務省関係の法律を担当するということで、今お話が出ました中山マサ議員のご子息の中山太郎議員から、当時は脳死の法律といっておったのですが、脳死の法律の立法ができないのかというご下問を受けました。当時、もう既に国会の中には、自民党から共産

党まで入った超党派の生命倫理議員連盟というのがありまして、そこでいろいろ臓器移植の問題を検討し始めたわけです。私どももそれにタッチする形で、脳死及び臓器移植の法律案の立案に入ったわけです。

当初から法律の立案は、いろいろな問題があって難しいだろう。アメリカは、大統領における諮問委員会をつくって検討して、その結果を法律として制定している。諸外国ではかなり法律が多くあったのですが、わが国でも内閣総理大臣のもとにそういう機関をつくって、世論とかそういう問題を検討のうえ法律を制定したらどうかということで、最初の角膜移植に関する法律が制定されてから三十年以上たちましたが、中山太郎議員か中心になりまして法律による臨時脳死及び臓器移植調査会が設置され、その答申を受けて現在の臓器の移植に関する法律が制定されます。

これは後ほどお話しする機会があると思いますので、角膜移植法にタッチされた中山マサ議員とそのご子息の中山太郎議員はいずれもお医者さんですが、なにかの因縁があるのではないかという感じがします。

［上田］　不思議な因縁ですね。

法律論的には刑法の特例法ということで、心臓移植で北海道の和田教授の大問題が起こったりしましたが、医療行為の合法性というものが現在の臓器移植でも問題になる。いってみれば手術室での施療は公開できるものでもありませんので、どのような形でどのようにこの法律が運用がされるかという点で、医者に対する信頼度がいちばん大事だと思うのですが、そういう意味合いにおいて、医者の行為の違法性を阻却するという明確な法的根拠を与えるという点では、スタートラインとして角膜移植に関する法律というのは画期的な法律だったのだろうと思います。

◆一回限りの適用の法律

［上田］　岸内閣時代の議員立法ではそんなに目立ったものはないのですが、通常の法律とは少し形態が違うのは、皇太子明仁親王の結婚の儀の行われる日を休日とする法律（昭和三十四年法律第十六号）、というのが議員立法であります。これは、昭和三十四年四月十日、現在の天皇、当時の明仁親王の美智子妃との結婚の儀が行われる日を休みにしようというわけであります。これは、一回限り適用になる法律だという意味合いにおいては、非常に特異な法律ではないかと思います。

これは一回限り適用されるといいますが、その日を休日にするから、その日に出勤した場合に休日給を支給しないといけないことになるわけですが、休日給を支給したか、しないかとか、これは労働基準法の問題などに関係するわけですが、そういうことで訴訟になることも考えられるし、この法的効力は一回限り適用されて、その日がすぎればおしまいというものではない。したがって、この法律は昭和五十七年に廃止されるまで生きていたということであります。

法律というのは、法律の適用が一般的であり、そしてその法律は一回限り、すなわち一回限りの執行ということでありますと行政権の発動というようなものに近くなるわけでありますが、そういうものとは非常に似ているけれども異なる。やはり法律事項として規定すべきものであるという意味合いにおいて、ちょっと特色のある法律の一つではないかと思われるもので、ここに取り上げた次第です。なお、皇太子徳仁親王の結婚の儀の行われた平成五年六月九日、さらに昭和天皇大喪の礼、即位礼正殿の儀の行われた日を休日とする法律も同様に制定されています。

◆大修正のうえ成立した国民健康保険法

［上田］　次に内閣提出法律案に対する大修正によって成立した国民健康保険法についてお話しします。この修正というのは、非常に広い意味の議員立法の一形態としてまとめて申し上げるときがあるかと思いますが、国民健康保険法が昭和三十四年に制定されました。国民健康保険法は内閣から提案しておりますが、この法律の実施によって国民皆保険が最終的に日の目をみることになったわけで、非常に重要な法律の一つであります。

当時は武見会長の医師会が非常に力が強くて、医師会の意向を反映させなければ保険行政は行えないという時代でありまして、この国民健康保険法が制定されるときにも医師会の意向を酌んで大修正を行ったわけであります。国民健康保険の指定医療機関、これは都道府県知事が機関指定をするわけでありますが、機関だけの指定ではだめだ。指定医療機関と指定医の両方の指定を行うことによって非常に厳しくとり行っていこうという形をとったのが、国民健康保険法の大修正の主な内容であります。

与野党間の協議が難航して一週間殆ど十分な睡眠もとれずに修正案を書いたという今だに記憶に残

る法律の一つです。

国民皆保険とともに制定されたのが国民年金法でありますが、国民年金法の対案としての社会党案の非常に大きな特色は、国民年金の掛け金を国民年金税という形でとることにしまして、別途、保険料に相応する税法を制定するといったことが議員立法として提案されております。

この当時の国民健康保険法、国民年金法の制定などに伴いまして、社会保障制度が一応完備されたことになるわけであります。

◆道路整備及び地域開発法などの提案が相次ぐ

［上田］　この当時の議員立法の特色的なものとして、地域開発法ないし道路に関する特別法といったものが議員立法で多数提案されております。この辺は坂本さんがタッチされたものがありますので、お話しをしてもらいたいと思います。

［坂本］　岸内閣の時代になりますが、第二十六国会、昭和三十二年、国土開発縦貫自動車道建設法というのが制定されております。これは、法律自体が国会に提出されるのはもっと前で、第二十二国会です。当時は五十五年体制ではない時代で、日本民主党、自由党、社会党左派、社会党右派、小会派の共同提案でしたが、成立したのは昭和三十二年。

この法律によって、日本の南北を貫く高速自動車網を形成しようということで、日本の背骨にあたるところに一本、高速幹線自動車道を建設するとこの法律では書いてあるわけです。この法律は数年後に非常に問題になりまして、縦貫自動車道は、中央自動車道は別表に載っていますが、東京から名古屋までの東海道のほうには全く自動車国道をつくるようになっていなかったわけです。今の東名高速道路ですね。これは岸内閣の時代ですが、その法律に書いていない東海道幹線自動車国道建設法というのを制定することになって、これは安保改定直前の三十五年に成立しているのです。

これをめぐって、中央道派と東海道派は党派に関係なくものすごい争いがあった。中央道派は東海道のほうの高速自動車道をつくらせない、私たちのほうを先につくりたいということで、当時、党派を超えた地域的な対立があった法律です。

そして国土開発縦貫自動車道建設法という法律が成立しますが、この法律に盛り込まれていない自動車道をつくるという話が、その後、続々とあらわれまして、これは後ほど佐藤内閣になった時代から、個別の高速自動車国道法は議員立法で成立しています。これは後ほどお話しします。

もう一つは、この時代に地域開発法というのが制定の最初の芽が出てきたといいますか、それで九州地方開発促進法は三十四年に成立しているわけです。そのあと、臨海開発促進法といって、東京湾、伊勢湾、大阪湾の三湾開発といわれていたものが与党から何回も提出されましたが、これは結局、成立には至らなかったのです。

そして、岸内閣の安保成立直前に、四国地方開発促進法が成立しております。

◆六〇年安保国会後の池田内閣時代

［坂本］　私が法制局に入りましたのは安保の国会の最中だったのですが、国会は安保で非常に緊張してまいりまして、これは安保改定だけの国会のように思われていると思いますが、第三十四国会はかなり法案も提出されていまして、議員立法も多いわけです。先ほど上田先生からお話がありましたように、安保改定をめぐる国会の混乱が尾を引きまして、岸内閣は昭和三十五年の六月に退陣して、池田内閣に政権が替わるわけです。

［上田］　そういうことで池田内閣に移っていくわけでありますが、さきの岸内閣が安保改定を置土産に次の池田内閣に移るわけですが、池田内閣は所得倍増、社会保障の推進による貧富の格差の是正、話し合いの政治ということを標榜いたしまして、岸内閣とは一八〇度の転換をしていったわけであります。今申し上げましたとおり、池田内閣時代は与野党が猛烈に対立するという政治的な問題は起こりませんでした。農業基本法を初めとして、国民の生活に密接に関係のあるような法律がいろいろ制定されております。

こういう池田内閣の政治姿勢に対応して、議員立法としても、野党が対立してにっちもさっちもいかないというものはありません。野党法案では、政府提出法案に対する対案、たとえば農業基本法、中小企業基本法という政府案に対する同名の法律案のほか、中小企業組織法、中小企業省設置法といった法案などが対案として提出されております。これらはすべて野党法律案ということで、廃案となっております。池田内閣において制定された議員立法としては、当時、基本法ばやりであったなかにおいて観光基本法というのが制定されております。観光基本法（昭和三十八年法律第百七号）は、内容的には前文があり、審議会が設置されるという基本法のスタイルとそう変わりはない内容のものでありますが、このほかに、商店街振興組合法、スポーツ振興法といった法律も議員立法として制定されています。

商店街振興組合法（昭和三十七年法律第百四十一号）は中小企業対策の一つで、その前に制定されました環境衛生関係営業の運営の適正化に関する法律（昭和三十二年法律第百六十四号）、これも議員立法で私がタッチした法律の一つですが、これと同じような類のものであります。一方は商店街として振興する、一方は同業組合を振興するという違いはありますが、いずれも中小企業対策の一つとして制定されたものであります。

先ほど申しました中小企業基本法に基づいて、その具体的な法律の一つとしてこういうものが制定されているわけでありますが、特に環境衛生関係営業の運営の適正化に関する法律は中小企業団体法の特例法的なもので、一般に厚生省関係の業種だけを抜き出して環境衛生関係営業ということで別途の法律を制定したわけであります。

この当時は、岸内閣から引き続いて池田内閣にも地域開発立法といったものが続々と制定されております。たとえば中国地方開発促進法、北陸地方開発促進法と、この辺で各地方の開発促進法がほとんど制定されたということになります。道路関係についても、関越自動車道建設法、奥地等産業開発道路整備臨時措置法、東海北陸自動車道建設法といったものが制定されておりますが、この辺は先ほど坂本さんからお話があったとおりであります。

なお、池田内閣では、経済、産業というものの基盤整備その他その発展のための重要ないろいろな法律が内閣提出法律でも制定されています。たとえば、新産業都市建設促進法といったものがその一つであります。今の時代からはちょっと想像がつかない、いわゆる新産業都市を建設するといったもので、非常に経済発展のはなやかな時代でありますから、こぞって新産業都市に指定をしてもらいたいということで運動が激しかったわけであります。

それと同様に、議員立法では工業整備特別地域整備促進法というのが昭和三十九年に制定されております。私はこれにはタッチしました。これは、新産業都市建設法の焼直しのようなもので、新産業都市に指定されるべく非常に激しい運動が起こったことにかんがみて、この工業整備特別地域の指定は行わないで、工業整備特別地域とはこれこれということで法律で地域を明記したところが特色であります。その地域でどのようなことを行うかということは、新産業都市建設法とほとんど変わりがないということであります。

◆「政治的暴力行為防止法案」と「国会審議権の確保のための秩序保持に関する法律案」をめぐる問題

［上田］　あと、池田内閣では、自由民主党提出の法律案でありながら非常に政治問題化して通らなかった法案があります。それは、政治的暴力行為防止法案であります。その前に、岸内閣のときにやはり提出された国会審議権の確保のための秩序保持に関する法律案というのがあります。この二つは

関連しておりますので、坂本さんに話をしてもらいたいと思います。

［坂本］ 最初の岸内閣の時代の国会の審議権の確保のための秩序保持に関する法律案、これは私が法制局に入る前の法律ですので、第三十三国会、結局は参議院に継続になって、これが成立しなかった法律です。政治暴力行為防止法案のほうは、池田内閣になってから国会に提出されたわけです。だから、系統としては同じ系譜を引く法律だと思います。ただ、後者が提案された背景は、安保騒動があった後、池田内閣になって、自社両党の協調の時代になってきて、池田総理と社会党の浅沼委員長との公開討論会が日比谷公会堂で行われました。その壇上で浅沼委員長が右翼の少年に刺殺されまして、それを契機として政治的な暴力行為を規制するという法律を自民党から出したわけです。

そのこと自体はあまり反対はなかったと思うのですが、ただその中に、国会周辺における集団示威行動というものの規制も含まれていたわけです。

これは、国会の審議権の確保のための秩序保持に関する法律案も国会の周りでデモ規制みたいなことにつながるということがあって、社会党は非常に反発をしまして、政治的暴力行為防止法案も、衆議院は通ったのですが参議院で廃案になっております。ずうっとあとになりまして、少し内容は異なる点もありますが、国会議事堂等周辺地域及び外国公館等周辺地域の静穏の保持に関するという法律に引き継がれているのではないかと思うのです。この辺は上田先生がお詳しいと思います。

［上田］ これは、私が退職する前に制定された法律で、そのときにまたお話ししましょう。

［坂本］ だから、一連の流れがあるのではないかと。別に東京都は公安条例というものでデモ規制

参議院法制局との対抗野球

をやっておったわけですが、これも当時からいろいろ法律上、あるいは憲法上の問題として訴訟にもなりましたし、ずいぶん議論されているところです。

◆東京オリンピックの開催と観光基本法

〔坂本〕　この時代の法律としては、先ほど上田先生から観光基本法のお話がありました。池田内閣になって、昭和三十九年のオリンピックの開催の準備段階に入っていたわけです。ですから観光基本法の制定は、東京オリンピックが一つ視野にあったのではないか。これは運輸省の観光政策ですね。

もう一つ、当時、観光基本法と併せて国際観光レストランの制度をつくるということで、自民党の中でほとんど通って、総務会に出した。これはオリンピックにくる外国客のためのレストラン表示をするということを内容とする法律案で、自民党の総務会で二、三の議員から猛反対がありまして結局、自民党の総務会でつぶれたわけです。これは運輸省が総出で弁解したけれど一瞬のうちに消えた法律で、法案は提出されていないのです。

もう一つ、東京オリンピックをにらんだ法律としては、議員立法としてスポーツ振興法というのがあります。これは東京オリンピックを前提として昭和三十六年に制定されました。スポーツを振興するということで文部省が非常に力を入れた法律で、議員立法として成立しましたが、この中にスポーツの日を設けるというのが書いてあったわけです。当時は国民の祝日にならないけれど十月の第一土曜日をスポーツの日という規定を設けたのですが、それがオリンピック開会後、開会日の十月十日を体育の日として祝日としたのです（現在は十月の第二月曜日に変更）。これはいずれも東京オリンピックに向けた法律です。

もう一つは、先ほど上田先生のお話にもありましたように、昭和三十六年から三十九年かけて地域開発あるいは道路関係のいくつかの法律が制定されていますが、工業整備特別地域整備促進法は新産業都市建設法と並んで、一昨年、廃止されました。これは時代の趨勢といいますか、もうそういう時代ではないということで、廃止されて今はありません。

高速自動車道としては、当時、国土開発縦貫自動車道建設法に載っていない道路はすべて個々に法律を制定しないといけないものですから、東海北陸自動車道建設法のほかに関越自動車道建設法というのをつくりました。

今、関越という言葉は普通にいわれておりますが、東京から新潟までなんという名前をつければいいか。関東はよいが、関東に対する語は越後でよいのか、埼玉県、群馬県を通っていくので上州ではどうかとかいろいろいわれたのですが、結局、関東から越後までということで関越ということにしよう。今ではなんともない名前になっていると思いますが、自動車道の名称のことも記憶に残っています。

あとは、現在でも残っている地域開発法としては山村振興法というのがございます。これは三十九年に成立しております。

業者法といわれるものでは宅地建物取引業法の改正というのが、免許制を採用したということで大きかった。昭和二十七年に制定されたこの法律が大きく変わったわけです。

そういうものが池田内閣時代の法律として成立しています。ですから、政治的暴力行為防止法案以外は、国会審議において与野党の激突はなかった時代でした。

［上田］　今のお話でスポーツ振興法なのですが、私は直接タッチしなかったので、これは私の記憶の間違いかどうかわかりませんが、オリンピックのマークを保護しようという議論があったのではなかったですか。

［坂本］　それはたしかあったと思います。

［上田］　オリンピックマークは営業用に簡単に利用されては困るという意見が非常に強かった。ところが、銀座にオリンピックという食事をするところがあるじゃないか、ああいうのはどうなるのだという議論をしておられたのを記憶しております。結局、そこまでは難しいということで、法律でそういうマークの保護をするところまではいかなかったのだと思いますが、そういうことが議論になっ

たという記憶があります。

◆法律にふさわしい内容とは何か

［上田］　先ほど坂本さんからも話がありましたが、法律としてふさわしい内容のものができるかどうかという点では、議員立法では非常に問題になるような法律がけっこうあるのではないですか。というのは、法律というのは強制力を伴うとか規範性がないとだめだとかそういうものが、特に権利義務を伴うようなものでなければ法律とはいえないのだという昔からの議論がありましたが、議員立法ではそういう規制、規範といった色彩が非常に薄い内容のものが多いと一般的にいえるのではないかと思います。地域開発促進法なども補助金獲得のための法律と、一言でいえばまさにそういうことがいえるのではないかと思いますが、この辺はまだ補助行政ということである程度法律的拘束力が伴うものですから、法律とする意味合いがあるとは思いますが。

まさにこの問題意識にぴったりふさわしい議員立法があって、私もほかのところで書いたことがあるのですが、それは昭和三十七年に制定された都市の美観風致を維持するための樹木の保存に関する法律というものです。これは坂本さんがタッチしたようですので、内容を話していただけますか。

［坂本］　これは、都市の樹木の保存のために、都市の美観、風景をよくすることが目的なのですが、そのために都市の中にある樹木あるいは樹林を指定して保存しようということです。全く規制のない、罰則も命令も何もない法律なのです。ですから、先ほど上田先生がお話しましたように、ある意味で

は法律事項の稀薄な内容の法律です。

［上田］　この法律がなぜ法律としてふさわしくないかといいますと、法律というのは、全国一律に適用になるというのが本来の性格である。個々的な事案であれば、先ほど皇太子明仁親王の結婚の儀の行われる日を休日とする法律のこともいいましたが、個々的な処分的なものであれば行政に任せればいい。処分的法律というのはまた問題がいろいろあるわけですが、それはそれとして、この法律は樹木を指定してそれを保存させようということなので、その指定行為なりなんなりというのはすべて地方公共団体に任せているわけですから、これは地方に任せておけばいい。その指定したものに対して国から補助が出るかというと、明瞭にはっきりと法律には規定はなかったと思うのです。

そういう意味合いで、そういうことをやりたいのなら地方に任せておけばいいし、その法律を適用した場合にどれだけの法的効果を生ずるのかどうかという点が非常に疑問なものですから、こういうのは法律になじまないいちばん典型的な例ではないかということで、私は別なところでちょっと書いたことがあるので、ひと言触れさせていただきたいと思うのです。

◆開発立法が動き出した時代

［坂本］　この当時、多くの開発立法が行われだしたと思うのですが、開発というのにふさわしいかどうか、昭和三十七年に豪雪地帯対策特別措置法という法律が制定され、現在も残っております。この法律は、豪雪地帯との指定を行って、それに対していろいろな措置を講ずるということが書いてあ

るのですが、この法律に書かれている措置は、その後、別の法律に引き継がれました。引き継がれたというのは、豪雪地帯ではなくても、たとえば昭和四十年の山村振興法や昭和四十五年の過疎地域対策緊急措置法などによって豪雪地帯対策特別措置法で書いている条文とほぼ同じ内容の規定が多く規定されておりただ対称地域が違っているということです。

もう一つ、この時代に、これは最終的には政府から法案が提出されたわけですが、近畿圏整備法という法律を議員立法でずうっとやって原案ができて、党も通ったわけです。ただこれは行政組織の設置があるということで、そのまま政府提案として出された。あれは実質は議員立法で、それを政府から提出したものです。その後、佐藤内閣になってから中部圏開発整備法とか同じような法律が、議員立法で行政機関の別組織を新設する中身を含んでおりますが成立しています。

◆佐藤内閣時代の議員立法——火炎びんの使用等の処罰に関する法律

［上田］　続いて佐藤内閣時代に入りますが、これは長期政権でありました。佐藤内閣における重要な事柄は、日韓条約の締結であり、また沖縄返還協定の締結であることはいうまでもないわけであります。国内法的には、長期政権の時代でありましたから、いろいろな法律が制定されていることもたしかでありあります。そのうち、政府立法はともかく、議員立法に関しても、このあいだにいろいろ重要な法律案が制定されております。まず第一に、火炎びんの使用等の処罰に関する法律が昭和四十七年に成立しています。これは議員立法ではなかなか制定することができない治安立法の一つで、火炎び

んの使用を直に処罰しようという法律であります。これで重要な点は、火炎びんの定義について非常に苦労があったことであります。現行法としてときどきこの法律違反ということで処罰されていることは、ご存じのとおりであります。

◆地方自治体関連の法律の動き

[上田]　続いて政治的に重要な問題は、昭和四十年に地方公共団体の議会の解散に関する特例法というのが制定されております。これは、東京都の議会の不正事件に伴って、東京都の議会だけに適用する法律ということで野党案が提出されましたが、憲法九五条との関係もあり、一般的に地方公共団体の議会の解散に関する特例法という形で制定されたものであります。さらにこれは通らなかった法律ではありますが、知事四選禁止の法律案と二つ、地方公共団体に関係するものとして、その内容について、タッチされた坂本さんにお話しをしてもらいたいと思います。

[坂本]　いずれも地方自治関係の法律なのですが、まず知事四選禁止からお話しします。これは昭和四十三年に公職選挙法を改正して、知事の四選の禁止をするという内容です。これは知事の多選に伴う弊害を除去する、自民党の内部でかなりそういう議論が起きまして、自民党の案として国会には提出されましたが、各自治体とか参議院の反対が強くて成立に至らなかったわけです。

ただ、現在でも知事の多選の弊害はずいぶん指摘されておりまして、この法律をまたやったらどうかという議論がずいぶんありますし、努力規定として条例で成立しているところが数団体あります。

［上田］　ちなみに、アメリカの大統領の三選禁止というのが一つのモデルになっていることもたしかなのですね。

［坂本］　この法案の立案にあたっては、三浦局長から言われまして、ルーズベルトの時代のアメリカの国会の議事録の相当長い英文を翻訳した記憶があります。つまりはルーズベルトにだけは適用しないという規定になっています憲法修正条項、このアメリカの本会議の速記録、むこうは本会議で堂々とした演説をやるものですから、その速記録をずいぶん翻訳しました。

これは、知事自体よりも取り巻きの悪いのが出てくるという議論が、アメリカでも大統領三選禁止で同じような議論が出ていまして、日本でも同じようなことがずいぶんいわれていました。

地方公共団体の議会の解散に関する特例法、これは、衆議院の解散はいうまでもなく憲法上の規定によりますが、議会で議決をして解散をするという自主解散ができないわけです。地方自治法上、地方議会も衆議院の解散と同じように知事しか解散権がないということで、このとき東京都議会の議長選挙に絡む汚職（買収）がありまして、東京都議会の相当数の議員がこれに関係しているということで、その議員は辞職したのですが、議員全員の問題として自主的に議会の解散をしようにもすることができない。それで、東京都議会で当時問題になったのは、自主解散をしよう。議決をすれば自分で解散できることにしたいという要望があったのです。

これは、東京都だけの議会の解散であれば地方特別法になる可能性が非常に強い。それで、今後こういう問題が起きれば、地方公共団体は自分で議決して議会の解散ができるということを認めたらどうかと、これは地方自治法の特例法として制定されまして、その後、いくつかの地方公共団体でこの法律は使われております。現在でもこの法律は残っています。

［上田］　今お話がありましたように、初めは東京都が狙いだったわけですが、一般法として制定されているわけですから、その後、この法律が適用になる事件が数件あるということのようであります。

［坂本］　地方公共団体関係の法律としては、昭和四十二年に住居表示に関する法律の改正が行われております。これにより自治体によっては旧来の地名を全く無視して新しい町名にするということがありまして、あちらこちらで訴訟が起こりました。特にこの訴訟が多かったのが東京都なのです。

東京都の行政局はけしからない、東とか西とか、一丁目・二丁目と整理したり全く新しい町名にする。最初に訴訟になったのは、目白のあたりを南池袋にしたとか、文京区の弥生町を消すという案が出た。当時、弥生町に住んでおられました団藤重光先生あたりも、その反対運動の急先鋒でした。

その後、昭和六十年に、先に改正した町又は字の名称を新たに定めるときは、できるだけ従来の名称に準拠するとともに、読みやすく、かつ簡明なものにしなければならないという規定ではなまぬるいとして、再度この規定を削り、新たな町又は字の区域を定めた場合、その名称はできるだけ従来の名称に準拠して定めることを基本とし、これによりがたいときに限って、できるだけ読みやすく、かつ簡明なものにしなければならないと再改正されました。

訴訟では、住居表示は訴訟対象にならないというのが裁判例なのです。これは単なる感情的な情緒的な問題で、権利性が全くないということで門前払いされているものです。そういうことの救済の意味もあってこれをやったわけです。

あとは、自治省関係の法律になっております政治資金規制法と公職選挙法の改正が、政府案に対する野党としての対案が出されたのですが、これは昭和四十二年に選挙制度審議会の答申を受けて、初めて政府案として政治資金の量的規制に踏み込んだわけです。その前の政治資金規制法は一切量的規制は中身にはなくて、報告を出せばよかった。それが初めて政府案として、政治資金規制法および公職選挙法の改正ということで政治資金の量的規制、これは選挙制度審議会の答申を受けて出しました。

これについては与党の自民党の反対がものすごく強くて、政府案も廃案になりましたが、だいぶあとになってから、それに対抗するために、社会党が政治資金規制法、公職選挙法の改正を出したのです。これは政府案と内容的には大した差はないのです。政府案がなかなか通りにくいという状況を見据えての対案ということです。

◆佐藤内閣と沖縄復帰に伴う問題

［上田］　佐藤内閣時代の昭和四十一年には、バナナ輸入とか共和精糖過剰融資問題、田中彰治議員の恐喝詐欺容疑逮捕といった不祥事件が次々と起こったものですから、それに伴う解散、これは通常、黒い霧解散と呼ばれておりますが、そういう意味で政治浄化ということが問題になったときで、それに関連して今お話しのあったような政治資金規制の問題が起こってきたということであり、まさに歴史は繰り返すというわけであります。

ここで、佐藤内閣のときの最重要案件である沖縄返還の問題に関連して、沖縄住民の国政参加特別措置法という法律が議員立法で制定されております。

これは、沖縄復帰以前に沖縄住民の選挙によって選ばれた人たちを、日本の衆議院における国政の審議に参加すべき衆議院議員としての地位を明らかにするということを内容とするものであります。これは、沖縄復帰とともに沖縄県となりましてわが国の領土になるわけでありますから、沖縄県からは日本の公職選挙法によって選ばれた議員が衆議院議員となり、また参議院議員となることは当然のことであります。しかし、まだ主権の及ばない復帰前の沖縄におけるこういう人たちを日本の国政に参加させるということでありますから、主権論と関係して非常に重要な問題を含みつつ、しかもこれが復帰とともに廃止になったものでありますから、その内容が六法全書に載っておらないので、参考に条文をあとに掲げておきたいと思いますが、今申し上げましたようなことを主な内容としているわけであります。

この法律について、いろいろの法律論が展開されております。問題を集約して二つに絞ってみますと、第一点は、憲法の適用されていない沖縄において、日本の公職選挙法に準じて琉球立法院の制定する選挙法によって国政審議に参加すべき代表を選挙させ、これを国会議員とすることに問題はないかどうか。第二点は、沖縄の選挙法によって選挙された国政審議に参加すべき代表を国会議員と同等の地位および権限を有するものとすることに問題はないかどうか。この二点が法律論として集約的に問題になったわけであります。第一点については、復帰以前のこの当時、沖縄に日本の公職選挙法がストレートに適用にならない関係上、やむなく琉球立法院の制定する選挙法の法形式によることとしたのではあるけれども、その沖縄の選挙方法と本土の国会議員の選挙方法とのあいだに、基本的原則において実質上、大きな相違があるならば、沖縄住民の代表を完全に国会議員と同等のものとして取り扱うことは許されないと考えられるけれども、問題は、琉球立法院の制定する選挙法がこの要請ないし期待に反するものとならないかどうかという点にかかっているわけで、その保障があるかどうかという点については、本土と沖縄、すなわち本土国民と日本国民たる沖縄住民とのあいだの相互信頼関係に基づいて解決さるべき事柄であるというべきであります。

しかもこの問題は、日米協議委員会の合意書によると、日本側は沖縄代表の選出方法を定める琉球政府の法律の規定が、本土国会議員に関する日本本土の法律の規定に沿ったものとなることを期待する旨を表明しており、これに対しアメリカ側は、日本側のこの発言に異議なき旨を述べております。

この合意によって、沖縄地域は日本国憲法の適用されない地域ではあるけれども、この法律が日本の公職選挙法に準ずる沖縄選挙法の制定を予定するとしても、高等弁務官がその制定を拒否したり、その内容に介入するようなことは予想されないところであり、さらに佐藤・ニクソン共同声明以後においては特にその保障が確実になったということができるであろうということにより、憲法上の問題が惹起される余地はないものと考える。というのが第一点についての考え方であります。

これは、いってみれば法律論を支えるバックグラウンドを中心にしてものをいっているわけで、もうこの当時から沖縄においては潜在主権があると、通説的にそんなことがいわれておった、その一般的にいわれている潜在主権というものをどのように法律理論的に理解するか、その根拠が何かということを、くどくどと第一点で申し上げたわけであります。

第二点の問題のほうが法律論的には重要なのでありますが、佐藤・ニクソン共同声明以後においては、特に沖縄の地位、したがって沖縄住民の法的地位には、従来と異なる変化が生じたものということができます。沖縄は、一九七二年中には完全に本土に復帰し、沖縄住民の地位は完全に本土の日本国民と同等のものとなることは明らかであります。沖縄住民の地位は、まさに生まれいでんとする胎児の地位に比すべく、胎児は、その出生前においても、相続権、損害賠償の請求権等については、すでに生まれた者と全く同等の地位を取得し、その権利主体となり得ることが認められているわけであります。

このことは一つの例証にすぎないけれども、日米共同声明以後における沖縄の地位は、あたかもわが本土の胎児の地位を取得したものということができよう。一九七二年中に施政権の返還が確実となったということは、沖縄住民の地位がきわめて近い将来において本土の日本国民と完全に同一のものとなることを意味する。

以上の見地から、沖縄住民の選挙権行使の権利主体たる地位は、本土の日本国民とその地位を等しくするに至ったものと法的に評価することができるものと考える。したがって、沖縄住民が沖縄選挙法によって選挙権を行使することと、本土の日本国民が公職選挙法によって選挙権を行使することとは実質上、同質のものであるということができるのであろう。

右に述べたところにより、沖縄住民によって選挙された者について、国内法の取り扱いにおいて本土において選挙された国会議員と同等の地位および権限を付与することとしても、憲法上の支障はないものと考えられる。

というのが衆議院法制局で討論された結果、まとめたものであります。たまたまこれが私の資料の中に残っておりましたのでその内容を申し上げました。非常に難しい問題があることはたしかでありますが、ここに書かれておる胎児論のほかに、商法の設立中の会社というようなものも同様に考えられるのではないかという議論があったことも記憶にあります。これは、私よりもっと具体的に坂本さんのほうが詳しいのではないかと思いますので、話をしていただければと思います。

〔坂本〕　これは私も立案の片隅で参画した法律なのですが、今いったような、この法律の正統性について書き残してあるように、これについては非常に厳しい反論がありました。自民党、特に法務部会あたりでは憲法の特例法だと。憲法を改正しないで法律に特例を書くのだというけど、そういう議論は詭弁である。憲法四三条と四四条をみると、選挙とか選挙人資格は法律で定める。法律というのは日本国の法律であって、沖縄の立法は日本の法律かという議論です。

もう一つは、今の胎児論とか設立中の会社などというのは比喩であって、法律の議論に比喩を使うというのはとんでもない話だ。いちばんやってはいけない議論だということで、ぎりぎり追及されたといいますか、それは記憶にあります。

内閣法制局も、当初は非常に厳しい議論をしております。いろいろなことを勘案して、当初は沖縄から選ばれた議員は正規の議員でなくてオブザーバーにしておいたら。だから審議に参画して発言はできるけれど表決権はないとか、という議論もありました。また、当時の大阪府知事の岸昌さんが、岸さんは以前、内閣法制局の参事官もされていた方ですから、読売新聞の紙上にこの問題についてやるべきだというかなり真摯な議論を、読売新聞にのせられました。当時の読売新聞社の社長は小林與三次さんという自治省の次官をやられた方ですから、そういうこともあったのではないかと思うのですが、岸さんの論文が出て、これはかなり影響力があったのではないかと思います。

[上田]　たしか従来の考え方だと、課税権なきところ選挙権なし、よくタックスペイヤーといわれていますが、そういう議論が一般的であろうと思うのですが、この議論を打ち破ったのが岸さんではないかと思うのです。先ほど残っておりました資料にもありましたように、その当時の政治的背景なりなんなりというものをバックにしないと、なかなか正統性が担保されないかと思いますが、純法律論だけ議論しておるとこの問題は非常に難しく、最後まで問題が残るのだろうと思います。

この法律は、沖縄復帰とともに法律が実効性を失いまして廃止されましたが、その当時としては非常に重要な内容の法律だということで、特に少し具体的に取り上げたわけであります。

◎沖縄住民の国政参加特別措置法（昭和四十五年法律第四十九号）

（目的）

第一条　この法律は、日本国民たる沖縄住民の意思をわが国のあらゆる施策に反映させるため、沖縄住民の選挙した代表者が国会議員として国会における国政の審議に参加するための特別の措置を定めることを目的とする。

（選挙）

第二条　日本国民たる沖縄住民は、沖縄（沖縄県の区域とされていた地域をいう。）を選挙区として、公職選挙法（昭和二十五年法律第百号）に準じて琉球政府立法院が制定する選挙法の定めるところにより、衆議院及び参議院における国政の審議に参加すべき者を選挙する。

（地位）

第三条　前条の選挙により選挙された衆議院における国政の審議に参加すべき者は衆議院議員とし、同条の選挙により選挙された参議院における国政の審議に参加すべき者は参議院議員とする。

（定数）

第四条　前条の規定による衆議院議員の数は五人、参議院議員の数は二人とする。

（任期の起算）

第五条　第三条の規定による衆議院議員又は参議院議員の任期に起算のついては、公職選挙法第二百五十六条及び第二百五十七条の規定の例による。

（内閣総理大臣の告示等）

第六条　内閣総理大臣は、琉球政府行政主席から第二条の選挙における当選人の氏名その他選挙の結果の通知を受けたときは、直ちに、その旨を告示するとともに、それぞれ衆議院議長又は参議院議長に対し通知しなければならない。同条の選挙により選挙された者がその資格を失った旨の通知を受けたときも、同様とする。

2　内閣総理大臣は、第三条の規定による衆議院議員又は参議院議員がその資格を失ったときは、直ちに、その旨を告示するとともに、琉球政府行政主席に通知しなければならない。

（政令への委任）

第七条　この法律に定めるもののほか、この法律の施行に関し必要な事項は、政令で定める。

附　則

1　この法律は、政令で定める日から施行する。

2　衆議院議員の定数は、公職選挙法第四条第一項及び同法附則第二項の規定にかかわらず、当分の間、四百九十一人とする。

3　参議院議員の定数は、公職選挙法第四条第二項の規定にかかわらず、当分の間、二百五十二人とする。

4　この法律の施行後最初に行われる第二条の選挙により選挙された者で第三条の規定により衆議院議員又は参議院議員となる者の任期は、当該衆議院議員又は参議院議員となる際現に在職する衆議院議員又は参議院議員の任期による。この場合において、参議院議員となる者の任期は、その得票数の多い者については当該参議院議員となる際現に在職する参議院議員のうち任期満了の日までの期間が長い者の任期に、その得票数の少ない者については当該参議院議員となる際現に在職する参議院議員のうち任期満了の日までの期間が短い者の任期による。

◆消費者問題と公害対策問題が取り上げられるようになる

〔上田〕　次に、議員立法の中で私がタッチしたものとしては、消費者保護基本法（昭和四十三年法律第七十八号）というのがあります。これも、先ほど申し上げたように、この時代は基本法ばやりなどということがいわれましたが、その一つであります。むしろこれは、民社党が消費者基本法という題名で議員立法で提案をしておりました。それに刺激されて自民党で消費者保護基本法というのを制定しないといけないということで、自民、社会、民社、公明党共同提案で制定されたものであります。

先ほど、野党法案が提案されて、それが先駆となって政府のほうで取り上げられる法律が一般的に多いということを申し上げましたが、これは、野党法案が先駆となって、政府案ではなしに議員立法として制定された法律の代表例の一つであろうと思います（平成十六年消費者基本法と改正）。

続いて、佐藤内閣の末期になりますと経済が爛熟し、工場から排出される煤煙ないし水質汚濁といったものを中心とする公害が非常に問題になってまいりました。そこで、公害に対してどのような対策を考えるかということで、これも昭和三十九年に民社党が公害対策基本法案というものを提出しておりますし、昭和四十二年には社会党が同じ題名の公害対策基本法案というものを提出しております。

こういう法案に刺激されまして、内閣も公害に対する対策を考えねばならないということで、第六十四臨時国会は公害国会と称される国会で、公害対策基本法の一部改正を初め、公害防止事業費事業者負担法、水質汚濁防止法、人の健康に係る公害犯罪の処罰に関する法律など、一四法律が成立しております。

このときに野党は、これらに対して手ぬるいということで対案を出したわけでありますが、特に印象に残っているのは、共産党が珍しく法案を五本提出しまして、てんてこ舞いをした記憶があります。

◆靖国神社法案

[上田]　なお、議員立法で特筆すべきものとしては、これは通らなかった法律でありますが、自民党提出の靖国神社法案があります。靖国神社法案は、これに対して国が助成する（国家護持）ため靖国神社という神社を特殊法人としまして、そこで行われる祭祀その他はすべて審議会の決定にゆだねるというのが主な内容であります。問題は、靖国神社という名前の特殊法人は宗教法人であるのかどうか、宗教的色彩があるのかどうか、それによって問題は決着をされるわけでありますが、その特殊法人でいかなる事柄が行われるか、祭祀その他、宗教的な行事が行われるのか、宗教色があるのかないのか、というところがいちばんのポイントであります。

法律には宗教色を払拭するとは書いてありますが、具体的にどのようなことを行うかということはすべて審議会の決定に待つという内容ですので、これは法律案のうわべは憲法上、違反とならないかもしれないが、どのような運用をされるかということによって憲法違反となる可能性は非常に大きい、ということは特にいわれておりました。特に国家と宗教との関係を非常に厳格に考える人たちだけではなしに、従来の国家神道の復活をおそれる人たちから猛反対が起こったことは当然であります。

この法案は数回提案されておりますが、一度だけ衆議院で可決され、参議院で廃案となったことがあります。結果的にはその審議会で、宗教行事の内容とはいかなるものが考えられるかという点で、宗教色を払拭したような、今までの靖国神社で行われていることとは全く違うものを考えないといけないということではありますが、それを明確にすると、当事者である靖国神社としては非常に満足のいかないものになる。そういうことで、その後数回提案されましたがこれは廃案になって、むしろ現在の問題になっております内閣総理大臣の公式参拝に、運動の方向を切り換えたということであります。この点について坂本さん、何か敷衍していただけるところはありますか。

［坂本］　この法律は、宗教法人靖国神社が特殊法人の靖国神社になるということで、憲法に触れない形で宗教色をできるだけ抜くという上田先生のお話のように、その内容は法律ではなくて審議会に任されたわけですが、靖国神社をそういうふうにしてしまうことについて、神社側あるいは思想的に右翼の方からも猛反対された。それから、本来の宗教と国家の関係に対して、キリスト教団体とか野党から厳しい批判にさらされまして、両方からものすごい反対が出た。そういうのが、この法律案が成立しなかったいちばんの大きな原因だと思うのです。

この法律の内容は、靖国神社に対して国家が助成するということです。そのためには宗教色を抜かないといけないということで、法制局としては当然そういうふうにしてしまいますから、その辺は靖国神社から……。

［上田］　その辺は、靖国神社側からも喜ばれないし、学者その他一般的な靖国神社の国家護持に反対する人たちからも、よくない法律だということで四面楚歌のような形になってしまった。というこ

とは、どこかに無理があるということなのでしょうね。

〔坂本〕　そうですね。この法律を国会に提出した責任者の佐藤首相と当時の賀屋興宣衆議院議員と衆議院の法制局長はけしからんということで、右翼がつけ狙ったということで、警察が身辺警備をする事態に発展したわけです。ですから、そういう方向での反対は非常に強かったです。

〔上田〕　日の目をみないのは、それなりの理由があったといわざるを得ないのでしょうね。非常に問題のある内容の法律案であったことはたしかですが、提案された以上、形式的には憲法違反とはすぐにはいえないといえますが、実質的には非常に問題があるということなのでしょうね。靖国神社法案は三浦法制局長が、総理大臣の公式参拝の問題は川口法制局長が大変苦労されました。なお、この経過は田中伸尚著「靖国の戦後史」（二〇〇二年、岩波新書）に詳しく、法制局も数箇所にとりあげられているので参考になると思います。

◆国土総合開発と田中内閣時代

〔上田〕　続いて、田中内閣に移りましょう。田中内閣になりますと、大手商社などの投機、買い占め問題を中心とする物価問題。記憶にもありますが、私の月給もだいぶ上がったというぐらいですから、相当インフレになったのだと思います。そういう問題もありますし、政治的には公職選挙法改正で小選挙区制というようなものを突如、田中内閣から提案されて空転が続いて、六十五日間の延長、さらに六十五日間の再延長といったロングランを行った国会（第七十一特別会）でもありました。制定法律としては、田中内閣が看板として標榜しておりました列島改造論というものを法案化した国土総合開発法案というのが国会に提案されたわけであります。これが野党の反対にあって、国土総合開発法案としては成立しなかった。具体的には一国会継続審査になりまして、昭和四十九年になってから国土総合開発法案の開発部分を除いた部分だけを国土利用計画法という形で議員立法として成立させたいきさつがあります。

これも、議員立法の形態としては非常に異例なものの一つで、しかも重要な内容を含んでいるものでありますから、少し具体的に坂本さんからこの問題点を話してもらいたいと思います。

〔坂本〕　上田先生からお話がありましたように、国土総合開発法という全国の開発を行うことが中心の法律で、そのあとの方に国土の利用の計画のために土地取引の規制とかそういうことを盛り込んだ内容の法律だったのですが、ちょうど時代も悪かったのでしょうか、石油ショックのあとの時代になりまして、一年、国会に法律案がたなざらしになっている間に、とても全国の総合開発などという話ではないということで、その法律のいちばん中心である総合開発の部分が削られまして、しかも題名も国土総合開発法といわれていたものが、国土利用の計画だけの部分が残って、現在の法律になっているわけです。

国土の利用に関する計画を定めて、それまでそういうのはなかったのですが、それに基づいて土地取引の規制をする、許可制とする、それを中心としてその後改正はありましたが現行法として存在しています。

この法律と同時に、国土庁という役所が創設されることになりました。開発に合わせた組織になっておりましたが、これも衆議院の修正によりまして役所の局など政府の法案のかなりの部分が削られて、平成十三年に省庁統合される前の国土庁の組織になったということです。

◆会社臨時特別税法

［上田］　議員立法の形態としては、この法律は政府案が成立しないで、政府案を一部ないし全部変更して議員立法でそれが成立するという非常に特異な例であとでまたお話ししますが、このほか沖縄地籍法は、政府案を、対案であった野党の法律案の内容を中心として全部修正をしたという形のものであります。

最近では金融再生法は、政府案と民主党の野党案と両方あったわけですが、政府案と野党案である民主党の案がともに議題とされ、民主党の案を中心として、政府案の一部分を民主党の原案に修正としてとり入れ、そして野党である民主党案が成立したという特異な例があります。

この三つが、議員立法として成立した異例の立法で、国土利用計画法もその一つではないかと思うわけです。

内容的には、今、坂本さんからお話があったように、今日まで問題になっている土地取引規制等を内容とするものでありますから、非常に重要なものであるといえるのではないかと思います。

もう一つ、議員立法として珍しい例は、会社臨時特別税法という法律があります。会社臨時特別税法というのは、田中内閣ではオイルショック等のためにインフレになったこともたしかでありますが、逆に大企業の側は、オイルショック等を背景にして非常に利益を得ることとなったわけであります。

一九七四年当時の日本経済はどういう姿であったかといいますと、日本の消費者物価は戦後ずっと上昇を続けてきましたが、卸売物価は比較的低い水準で安定しておったところが、昭和四十七年になりまして卸売物価が急騰し、八・五％という驚異的な上昇率を示したわけであります。それに追い打ちをかけて、四十八年十一月、石油危機、いわゆるオイルショックによりまして石油価格が四倍も上昇しました。そういうことによって、石油製品をはじめ、原材料から最終消費材に至るまで、数多くの物資が異常な値上がりを示した。そういう事態を引き起こしたわけで、そのうち、企業の中には石油不足によるモノ不足に便乗した値上げによって、棚ぼた的に巨額の利益を得るものが出てきたわけであります。

こういう情勢のもとに、棚ぼた的な利益に対しては重い税を課すべきであるという議論が起こってまいりまして、各党で企業の異常利益に対して臨時に特別税を課するという構想が取り上げられまして、これには自民、共産、公明および民社の四党の臨時利得税方式というのと、社会党の付加税方式という二つの方式がありました。前者の臨時利得税方式というのは、臨時利得の基準を定め、それを超える部分について臨時課税を行おうとするもの。後者の付加税方式というのは、法人の資本金と所得に応じた累進率による法人税を通常の法人税額に上乗せした課税を行おうとするものであります。つまり、付加税方式をとる社会党案と臨時特別税方式をとる社会党以外の各党の案と、二つの考え方の違った案が出てきたわけであります。

そこで自民党は、最終的な案がまとまった段階で野党と折衝に入りましたところ、野党第一党である社会党から社会党の付加税方式ではどうかという話があった。与党自民党の考え方とは違いますが、調整を急ぐというところから社会党の話に乗りまして、臨時利得税方式の構想をとりやめて付加税方式の線で各党の案を一本化するよう折衝することに方針の転換をしました。付加税方式の線は二年間の臨時措置として、年五億円を超える所得に対応する法人税額に対して一〇％の税率による課税をするというものでありました。

ところが、自民党はこの案を党の機関であります政調審議会と総務会にかけましたところ、一割配当もできないような企業にまでこの法人臨時課税が及ぶのは酷であるとの意見が出されて、結局、資本金の二〇％という基準を導入する、すなわち課税標準は年五億円か資本金の二〇％かのいずれか大きいほうの金額を超える部分に対応する法人税額とするという手直しを行ったのであります。

この手直しをして野党と折衝しましたところ、大企業に対する大幅な軽減措置であるということで一斉に反発をしまして、共同発議は不成功に終わりました。そこで白紙になったところから、社会党は従来の会社臨時特別法税法案の単独発議、自民党は資本金基準を導入した会社臨時特別税法案の単独発議をし、共産党と公明党もそれぞれの構想に基づく臨時超過利得税法案の発議をし、法案が相前後して国会に提出されましたが、結局、自民党案が成立することになったわけであります。

このように立法過程を詳しく申し上げましたのは、一つは、議員立法で同じ題名の法律案でありながら、各党の考え方が違うがゆえに、与党、野党を問わず各党案を衆議院法制局で立案せざるを得ないことが往々にしてあるという先例の一つとして、またこの内容が、会社臨時特別税法という税を徴収する。減税の法案は往々にしてありますが、徴税をする、新しい税をおこすということは議員立法として空前絶後で、議員立法で新しく税が徴収されるということは、この法律しかないと思います。この二点において、会社臨時特別税法というものも議員立法としては重要な内容のものではないかと思います。

◆祝日法の改正と動物保護法

【上田】　なお、私が担当した議員立法として、第七十一特別会で、成立した国民の祝日に関する法律の一部改正（昭和四十八年法律第十号）と動物の保護及び管理に関する法律があります。前者は「国民の祝日が日曜日にあたるときは、その翌日を休日とする」といういわゆる「振替休日」の改正ですが、起草にあたり与野党の話し合いの理事会に急に呼び出され、野党議員から「日曜日はなぜ休日とされるのか」と聞かれ、返答に立ち往生した記憶があります。後で聞くと日曜日が休日とされていない人々例えば、美術館、博物館の職員達はどうなるのかという点を聞きたかったらしいのですが、前後の議論がどうだったのか不明のまま理事会席に坐らされてのやにわの質問にとまどったわけです。答弁をする際はやはりよく雰囲気をのみこんだ上でしないと失敗をすることがありますから気をつけた方がよいと思います。

後者の法律は、日本人は動物を虐待する民族だというような批判がされるような事件がイギリスでおこり、これを契機に動物愛護協会などの団体がプレッシャーグループとして推進した結果成立した法律ですが、石井好子さんや大鷹〔山口〕淑子（その後、参議院議員）さんらの集まりで法案の内容を説明したり、成立してからは、この法律制定の推進者であった大出俊（社党）議員と当時のＮＨＫの朝の番組であった「スタジオ一〇二」に映ったりしたので印象に残っています。録画撮りでは部長室で一時間近くアナウンサーの質問に答えるという形でとったのですが、実際に映ったのは一分ばかりにカットされ、しかも高知の闘犬などは刑法三十五条により違法性阻却事由にあたり罰せられないと法律家らしい説明の所だけが映し出されたので、上司から散々冷やかされたのを覚えています。

Ⅲ　三木内閣から宮沢内閣まで

上田　章
ききて
坂本一洋

◆薬事法違憲判決の波紋

［坂本］　田中内閣が金権問題で崩壊しまして、そのあとを受けて椎名裁定に基づき三木内閣となりましたが、三木内閣における議員立法について上田先生はいろいろ重要な法案にタッチされましたので、お話をお伺いしたいと思います。

三木内閣の当初、これは第七十五国会ですが、いくつかの議員立法がされ、成立しておるわけです。一つ、特に取り上げるべきなのは薬事法の一部改正です。これは、最高裁判所において薬局の設置の距離制限の規定が違憲であるという判決が下されたわけです。法律そのものの規定が違憲であるというのはそうありませんが、これはそういう最高裁の判決の一つでありました。

これは法律の違憲状態を改めるためにどうするかということで、判決が出たあと、厚生省が駆け込んできまして、これは距離制限の部分を削るよりしかたがない。それは参議院議員の議員立法だったのですが、衆議院の方で削除の改正をすべきだということで、急遽、薬事法の一部改正を立案しました。社会労働委員長から五月二十九日に提出されまして、六月十三日に法律が公布されるという非常に素早い対応をしたわけです。

最高裁判所の違憲判決はあっても、尊属殺重罰違憲判決などのように必ずしもそのような素早い対処をしないものもありましたが、これは国会としても最高裁判所の判決に対して直ちにこたえたということです。

当時の私どもの議員立法をする立場からいいますと、薬事法のような関係の距離制限は、公衆衛生上の問題を取り上げたそういう距離制限はわりあい最高裁判所にいっても違憲とはされないのではないか。それよりも、前の公衆浴場法の判決などもありましたから、あとから決まりました小売商業調整特別措置法のほうが違憲判決が出やすいのではないかと思いましたら、全く逆で、小売商業調整特別措置法などの規制は国会の裁量の幅がある、それに対して薬事法のようなものは国会の裁量の幅がないということで、当時としては立法に携わる者の感覚としては逆の判決だったような感じがするのです。今はそういう最高裁判所の判決がありますから、薬事法と小売商業調整特別措置法と両方並んで判決が出ていますが当時の認識はそこまでいっていなかったという感じがしますね。

◆三木内閣時代の議員立法——私学振興法と育児休業法

［坂本］　これと相前後して私立学校振興助成法という、私学に対する財政援助を内容とする法律が制定されました。当時は私学助成というのは憲法第八十九条との関係で問題があるということで、直接国が助成するのはどうかということで、たしか私学振興会を通じて助成することで憲法問題を回避しようということで規定されたのですが、私立学校振興助成法については、現在でも憲法調査会で憲法第八十九条自体をどうするかということで問題になっております。私学振興会を通して国がカネを出すということで、国が直接はカネを出していないということで、憲法論議を回避したということです。

同じ第七十五国会で、義務教育諸学校等の女子教職員及び医療施設、社会福祉施設等の看護婦、保母等の育児休業に関する法律というのが制定されました。これも議員立法でかなり日にちがかかった法律ですが、これは日本で初めて育児休業制度を法律レベルで制定したのです。このちょっと前から、地方公共団体の条例では少しあったのですが、それを法律として育児休業を認めるということでありまして、法律として取り上げたのはこれが最初なのです。

これは国立、公立の義務教育諸学校等の女子教育職員、国及び地方公共団体の運営する医療施設、社会福祉施設等の看護婦、保母等に限定して認められ、私立学校や国、地方公共団体以外の医療施設、社会福祉施設等を運営する者には努力規定が設けられているだけでしたが、その後公務員だけでなく、労働者すべてに育児休業制度が実施され、さらに家族介護まで法律にとりこまれたことは前にお話しがあったとおりです。

三木内閣時代の議員立法のもう一つとして、優生保護法の一部改正がありました。これは当時、新聞紙上でもかなり問題になったのですが、経済的理由による妊娠中絶ができるという規定を落としたわけです。これについて当時、中ピ連という女性の団体から法務省、それから私どもの衆議院法制局にかなりいろいろ陳情とか抗議とかありました。これは議員立法だったわけですが、衆議院の委員会採決のときは傍聴席でちょっと混乱がありまして、当時、新聞紙上で、議員立法のなかでは珍しく大きく取り上げられました。そういう社会的な事情もありました。

三木内閣の時代は、当初、田中内閣が金脈問題などで代わったものですから、その見地からの改革をしようとする態度は見えましたが、その後、三木政権の政治的基盤の脆弱性とかいろいろありまし

衆議院法制局長室にて

てわりあい早く終わりましたので、当初の議員立法が目につくところです。

三木総理はその前からも含めて選挙公営に非常に熱心で、総理自らが私ども法制局の選挙担当のところにみえるというので大騒ぎしました。選挙公営、これは三木総理が総理をやめられてからもずっと一つの信念としてやっておられたので、そういうものは表に出ていませんが、総理自身が議員立法として熱意をもってやっておられたということです。

〔上田〕　今の話で思い出したのですが、三木元総理は当時の法制局長だった川口さんと非常に肝胆相照らして、今お話しのように部屋にわざわざ出向いてこられたことも何回かあったわけです。そのころに、選挙制度の改革について担当しておったのが、今は京都大学教授の山室信一先生です。その辺のことは、信山社から出ている『日本憲法史叢書』『憲法史の面白さ』の中で大石眞先生との対談でしゃべっておられるから、参考にされればいいと思います。

三木内閣時代の議員立法の諸々は、今、坂本さんから挙げられたようなものに大体尽きるのではないかと思うのです。最初の薬事法の改正は、薬局設置の距離制限規定違憲という最高裁の判決があったものですから、結論的にいうとその条文を削除するという改正をしたわけです。だけど、お話しがあったようにお風呂屋さん、公衆浴場法の距離制限が最高裁から合憲だと出ておるというので、まさか薬局における距離制限を違憲とはされまいという考え方が強かったわけでありますが、違憲という厳しい判決が出た。これも、先ほどのお話のように参議院提出の議員立法として距離制限の規定が設けられたわけですから、今度は衆議院のほうの議員立法でこの規定を削除する。因果はめぐるといいますか、たまたま私は担当部長だったのでこの法律改正にタッチしたという因縁めいたものがありました。

あと、重要な議員立法で私立学校振興助成法がありますが、これも非常に問題になった法律ではあります。いうまでもなく、憲法第二十六条と第八十九条との関係を初めとして、教育基本法、それらとの関係をどのように理解するかという問題がありまして、いろいろ議論されたわけであります。この点につきましては、信山社から出ている一九九三年刊『議員立法の研究』の中に稲正樹先生が私立学校振興助成法の立法過程として非常に詳しく研究論文を載せておられますから、これを参考にしていただければと思います。特に、衆議院法制局で立案する以前の段階における動きを非常に詳しく説明しておられるようであります。

内容的には、国庫補助の規定が二分の一を補助するという厳格な規定から、二分の一以内を補助することができるという任意規定に変わっていったとか、私立大学新設抑制の項目を入れるかどうかとか、新設の届出制から認可制への移行といった法改正についても、大いに議論がされたようであります。

もう一つ、先ほどお話しの義務教育諸学校等の女子教育職員及び医療施設、社会福祉施設等の看護婦、保母等の育児休業に関する法律という長い題名の法律、いわゆる育児休業法といっておりますが、これはもとは野党法案が何回も出ておりまして、これがやっと与党でも取り上げるということで成立した非常に珍しい法律の一つであります。

この件に関して、同じく先ほどの信山社の『議員立法の研究』で『昭和五十年育児休業法の立法過程』という題で小野善康先生が「野党法案が形が変わり成立した事例として」という副題を添えて、その点を詳しく書かれておりますので、これも参考にしていただければと思います。

それから優生保護法の改正、合わせて四つ、ほかにも専修学校制度を創設した学校教育法の一部改正などがありますが、三木内閣における議員立法の主なものとして、お話ししました。

◆三木内閣から宮沢内閣までの特徴

全般的にいいまして、三木内閣から宮沢内閣までをこの第三回でまとめてお話ししようかと思っております。なぜ三木内閣から宮沢内閣までをひとまとめにしたほうがいいかという点については、政治的には田中内閣の最後、参議院通常選挙の結果、保革伯仲となり、その後、三木内閣における任期満了後の総選挙の結果、衆議院も同様に保革伯仲となったという政治情勢が第一点。第二点は、この当時からロッキード事件を初めとする政治汚職問題が次々と頻繁に起こってきて、そのあと始末をどうするかというような問題が大きな政治問題になった。その大きな二つの流れがあります。この大きな政治的な流れから、従来のような重要法案を強行採決によって強引に通過させる議会運営は、与野党伯仲の結果、できなくなりまして、むしろ与野党の妥協による政治運営が強いられたという傾向がみられます。

この点を法制度の面でみますと、法律案制定というのは比較的落ち着きを取り戻して安定期を迎えて、成立件数も今までのように一五〇件前後から二〇〇件になんなんとするような多くの法律制定、改正法律があった時代から一〇〇件前後に終始するというように、件数からみても法制度の点でも落ち着きがあるということができようかと思います。その結果、三木内閣のときも議員立法は非常に件数が少なく、制定、成立したものも今言ったようなものが主なものだという傾向は今後ずっとみられるという点が一般的な特徴かと思われます。

政府立法及び議員立法の提出件数、成立件数及び修正件数④

（「継続」は前国会からの継続案件数を示す
＊印は両院協議会成立を含む）

国会回次		召集日（昭和年月日）	会期終了日（昭和年月日）	会期（日）	閣法 提出 新規	閣法 提出 継続	閣法 成立	閣法 成立 うち修正	衆法 提出 新規	衆法 提出 継続	衆法 成立	衆法 成立 うち修正	参法 提出 新規	参法 提出 継続	参法 成立	参法 成立 うち修正	内閣
74	臨時	49・12・9	49・12・25	17	14	8	14	1	4	25	1		10		1		三木内閣
75	通常	49・12・27	50・7・4	190	68	8	48	11	40	22	19		29	8			三木内閣
76	臨時	50・9・11	50・12・25	106	31	7	30	2	7	32			13				三木内閣
77	通常	50・12・27	51・5・24	150	69	7	58	1	24	31	10		20	6			三木内閣
78	臨時	51・9・16	51・11・4	50	9	15	14	5	5	41	1		6	22	1		三木内閣
79	臨時	51・12・24	51・12・28	5													福田内閣
80	通常	51・12・30	52・6・9	162	76		65	21	52		11		19				福田内閣
81	臨時	52・7・27	52・8・3	8		8				29							福田内閣
82	臨時	52・9・29	52・11・25	58	13	8	9		7	29	1		1				福田内閣
83	臨時	52・12・7	52・12・10	4	8	4	2	2	3	26	3			1			福田内閣
84	通常	52・12・19	53・6・16	180	82	10	83	20	33	26	10		14	1	2		福田内閣
85	臨時	53・9・18	53・10・21	34	13	8	13	2	6	41	4	1	3	6	1		福田内閣
86	臨時	53・12・6	53・12・12	7		8				35				7			福田内閣
87	通常	53・12・22	54・6・14	175	68	8	43	8	36	35	8		11	5			福田内閣
88	臨時	54・8・30	54・9・7（解散）	9	30		3		22				9				福田内閣
89	特別	54・10・30	54・11・16	18					7								大平内閣
90	臨時	54・11・26	54・12・11	16	25		15		4	7	1						大平内閣
91	通常	54・12・21	55・5・19（解散）	151	92	10	75	19	58	10	9		17		1		大平内閣

政府立法及び議員立法の提出件数、成立件数及び修正件数⑤

（「継続」は前国会からの継続案件数を示す
＊印は両院協議会成立を含む）

国会回次		召集日（昭和年月日）	会期終了日（昭和年月日）	会期（日）	閣法 提出 新規	閣法 提出 継続	閣法 成立	閣法 成立 うち修正	衆法 提出 新規	衆法 提出 継続	衆法 成立	衆法 成立 うち修正	参法 提出 新規	参法 提出 継続	参法 成立	参法 成立 うち修正	内閣
92	特別	55・7・17	55・7・26	10	2												鈴木内閣
93	臨時	55・9・29	55・11・29	62	31	2	25	8	18		5		2				鈴木内閣
94	通常	55・12・22	56・6・6	167	74	8	72	14	54	10	16	1	14	1	1		鈴木内閣
95	臨時	56・9・24	56・11・28	66	5	8	5	2	2	38	1		1	6			鈴木内閣
96	通常	56・12・21	57・8・21	244	81	4	79	12	41	34	17	2	10	7	2		鈴木内閣
97	臨時	56・11・26	57・12・25	30	5	6	4		1	42	1	1		3			中曽根内閣
98	通常	57・12・28	58・5・26	150	58	5	52	8	18	41	8	2	7	3			中曽根内閣
99	臨時	58・7・18	58・7・23	6		11				47							中曽根内閣
100	臨時	58・9・8	58・11・28（解散）	82	13	11	18	2	4	47	3	1	5				中曽根内閣
101	特別	58・12・26	59・8・8	227	84		70	18	45		8		18				中曽根内閣
102	通常	59・12・1	60・6・25	207	84	10	85	24	39	24	14	1	7	9	1		中曽根内閣
103	臨時	60・10・14	60・12・21	69	12	7	16	6	3	43	3		1	11			中曽根内閣
104	通常	60・12・24	61・5・22	150	87	3	73	10	23	36	9		11	10	2		中曽根内閣
105	臨時	61・6・2	61・6・2（解散）	1		16				45							中曽根内閣
106	特別	61・7・22	61・7・25	4													中曽根内閣
107	臨時	61・9・11	61・12・20	101	28		24	2	9		1		3				中曽根内閣
108	通常	61・12・29	62・5・27	150	100	1	72	15	21	4	9		4				中曽根内閣
109	臨時	62・7・6	62・9・19	76	9	22	20	8	11	15	5	1	3	2			中曽根内閣

110	臨時	62・11・6	62・11・11	6		11				18				5			竹下内閣
111	臨時	62・11・27	62・12・12	16	5	11	8		1	18			1	5	1		竹下内閣
112	通常	62・12・28	63・5・25	150	83	8	75	20	15	19	9		3	5			竹下内閣
113	臨時	63・7・19	63・12・28	163	17	14	24	5	8	22	6			8			竹下内閣
114	通常	63・12・30	元・6・22 平成年月日	175	78	7	60	7	10	24	4		2	8			竹下内閣
115	臨時	元・8・7 平成年月日	元・8・12	6		24				27							宇野内閣
116	臨時	元・9・8	元・12・16	80	8	24	25	12	10	27	5		14		1		海部内閣
117	通常	元・12・25	2・1・24（解散）	31	5	6				25			2	3	1		海部内閣
118	特別	2・2・27	2・6・26	120	70		66	10	16		8		8				海部内閣
119	臨時	2・10・12	2・11・10	30	2	3	1			4				6			海部内閣
120	通常	2・12・10	3・5・8	150	93	3	84	6	18	4	10	1	3	6			海部内閣
121	臨時	3・8・5	3・10・4	61	6	12	7	4	9	9	4		1	6			海部内閣
122	臨時	3・11・5	3・12・21	47	14	8	14		4	9	2		1	6			宮沢内閣
123	通常	4・1・24	4・6・21	150	84	8	83	8	12	10	7		6	6			宮沢内閣
124	臨時	4・8・7	4・8・11	5		9				13				1			宮沢内閣
125	臨時	4・10・30	4・12・10	42	10	9	13		12	13	7		5	1			宮沢内閣
126	通常	5・1・22	5・6・18（解散）	148	76	6	72	6	26	15	6		16	5	1		宮沢内閣

◆公職選挙法の改正と政治資金規正法の改正

［上田］　三木内閣において忘れてならないのは、先ほどもお話がありましたが、三木総理自体が選挙制度に対して非常に関心をもっておられた。そして三木内閣で早速取り上げられたのが公職選挙法

沖縄地籍調査

の改正と政治資金規正法の改正（ともに内閣提出）ということだったのですが、衆議院はなんとか通過しましたが、参議院で政治資金規正法の一部改正は可否同数の結果、河野議長の採決でこれを珍しく改正法のほうに軍配をあげた。議長は可否同数のときは、こういう改正法のような場合には改正をしない、否決の方に一票を投ずるのが今までの通常の例であったわけですが、積極的に改正法のほうに軍配をあげた。今までにこれ一件しかないと思うのですが、希有な例であったことが非常に印象的であります。

先ほど言いました政治的な保革伯仲という点は、福田内閣で明らかになります。三木内閣の最後は、これも戦後一回しかないわけでありますが、衆議院は任期満了による総選挙を迎えたわけです。その結果、自民党は二四九と過半数割れをいたしまして、選挙後、無所属を入れてやっと二六〇の過半数に達したということで、衆参ともに保革伯仲時代を迎えることになるわけです。

福田内閣における保革伯仲のいちばん典型的な例が、予算審議にあらわれているわけです。昭和五十一年度の予算は無傷で通ることができませんで、昭和二十八年以来という政府修正が行われました。この政府修正の内容は、野党が強硬に主張しておりました三〇〇〇億の減税という点であります。この点を政府はやむを得ないということで予算を撤回、そして修正して提出するという形をとったわけであります。この修正に伴って、昭和五十一年度分所得税の特別減税のための臨時措置法という三〇〇〇億追加減税のための法律案が議員立法で成立しております。

このような形は昭和五十二年度の予算においてもみられまして、このときには現実の予算の政府修正はしませんでしたが、補正予算を組むという含みで三〇〇〇億追加減税を行うことが、予算成立のときの与野党の合意事項として成立し、同じくその後、昭和五十二年度分所得税の特別減税のための臨時措置法という議員立法が提出されたいきさつがあります。

この予算の審議をみても、保革伯仲ということが非常に明瞭にあらわれているのではないかと思うわけです。

◆福田内閣時代の議員立法——沖縄地籍法と成田新法

［上田］　福田内閣時代の議員立法としては、沖縄県の区域内における位置境界不明地域内の土地の位置境界の明確化等に関する特別措置法、あまり長い名前の法律ですので沖縄地籍法と呼ばれていま

すが、これは沖縄県の区域内の駐留軍用地等に関する特別措置法案という内閣提出法律案の対案として提出されておった野党の法案を題名からそっくりそのまま内閣提出法律案の全部修正という形でとりこんで成立したという非常に希有な法律であります。この点は、昭和四十七年の沖縄復帰後五年間しか沖縄の基地を使用することができないという暫定措置法が昭和五十二年五月十五日に期限切れになるということで五月十二日に衆議院は通過させて、期限切れの十五日までに参議院は通過できるようにということで、政府与党は頑張っておったのでありますが、結果的に参議院で成立したのは五月十九日で、四日間の空白を生じたという非常に珍しい法律であります。

この点について坂本さん、ひと言お願いします。

〔坂本〕　沖縄復帰のときの昭和四十七年五月十五日、当時、私は沖縄担当で、最初の復帰に伴って五年間だけ基地を使用できるという法律の制定に、委員会などを傍聴してみておったわけです。当時は佐藤総理で、高辻内閣法制局長官が非常に苦しい答弁をされていた。これは、復帰と同時に基地を使用しないといけない。特に米軍の基地ですね。普通は強制収用の場合は土地収用法の手続に基づいて事前にかなりの日にちをかけてやらないといけない。しかし、昭和四十七年五月十五日に復帰した瞬間に土地を基地に使用していないといけない。そのための事前手続を踏むということは、復帰前のことであり、日本の法律は適用されない状態ですから、そういうことは無理なのですね。

それで当時、野党のほうは随分問題にしておりました。これは政府案だったのですが、これが沖縄復帰に伴ういちばんの問題の法律だったわけです。これは五年間しか使用できない法律になっていましたので、その切れ目が、先ほど上田先生のお話がありましたように、五十二年五月十五日に五年の期限がきたものですから、本来はそれをさらに五年間延長する形にしたかったのですが、それは保革伯仲時代の情勢でそのまま通らないわけです。結局、県全体の地籍調査と基地使用の延長を抱きあわせた大修正をしまして、それですら五月十五日までには成立できなかったのです。

そして空白の四日間、法律のない状態で基地として土地を使用したわけです。そのときはどういう理屈によるかといいますと、これは民法の事務管理という理屈を持ち出したのです。事務管理として強制収用した形のままそこを使うということで、これも非常に苦しい答弁だったろうと思います。

〔上田〕　真田内閣法制局長官が答弁を求められて、今お話しのような答弁をされたわけです。結局、基地を返還するについては原状回復をしないといけない。原状回復をするためには日にちもかかる。そのあいだ、事務管理をしておらないといけない。事務管理という民法上の根拠に基づいて原状回復を行うことになるのであろうという答弁であったわけです。もちろん原状回復などしないでそのまま基地に使うというのは当然の前提だったわけですが、説明としては、今お話しがあったように苦しい答弁であったと思います。

あと、重要な法律としては、新東京国際空港の安全確保に関する緊急措置法、いわゆる成田新法として六法全書に載っている法律があります。これは昭和五十三年の三月三十日に現在の成田の新東京国際空港を開設するという予定であったところ、左翼ゲリラ集団の管制塔破壊といった事件が起こりまして、開港することができなかった。そこで福田内閣としては、五月二十日に絶対開港するようにという期限をつけて、今度は空港を整備して開港できるようにしようということで、ときの自民党の政調会の副会長だった足立篤郎議員が非常に熱心で、政府部内をまとめようとされたわけでありますが、火中の栗を拾う省庁は残念ながらなくて、現行法では非常に難しいとしり込みをするものですから、足立議員がそれでは新法をつくってやろうということで、議員立法の立案に取りかかった。私が担当部長だったものですから非常に記憶に残っているのですが、実質、一か月足らずのあいだ、法務省の民事局、刑事局、訟務局、運輸省、警察といった各省庁の担当官を集めて、私の部屋で缶詰になって昼夜を分かたず法律立案に頑張って、なんとか期限に間に合わせて制定させたいわくつきの法律です。

最後の最後まで所管省が決まりませんで、これは政府部内の問題であるから官房副長官のところへ持ち込みまして、あなたのところで担当省を決めてくれということで、本来は警察、内容は治安立法でありますが、表に出すのはいかがかということで、所管大臣は運輸大臣ということで官房副長官のところで決着をみたといういわくつきの法律であります。

この法律はこういう治安立法でありますから、人権問題に関係して訴訟がいくつか起こっております。最高裁では幸いに違憲という判断は下されなかったわけですが、最後の最後まで残ったのは第三十一条のデュープロセスの問題。この点も非常に問題が多かったわけでありますが、これも最終的に最高裁は合憲の判断を下してくれた。ということで、担当した私としてはほっとしているところであります。

ただ、今から考えると、これは開港に間に合わせるということで緊急措置法としてつくったわけでありますから、恒久法にする必要はなかったのかなと。期限付きの法律にしたほうがよかったのではないかと、反省材料としてときどき考えたりすることがあります。

◆無限連鎖講の防止に関する法律について

［坂本］　成田立法のあと、上田先生が直接担当された法律としては、無限連鎖講の防止に関する法律というのがあるはずです。これは物価問題に関する特別委員会の起草小委員会から担当されていたと思いますので、これについてお話をお聞かせいただければありがたいと思います。

［上田］　今お話しの無限連鎖講の防止に関する法律、これも六法全書に載っている法律の一つでありまず。無限連鎖講などといいますと非常にわかりにくいのでありますが、いわゆるねずみ講といったほうがわかりがいいのかもしれません。このときたまたま、天下一家の会というねずみ講がはびこりまして大問題になった。これを詐欺罪で取り締まれないかということでいろいろ動いたようでありますが、非常に難しい。では議員立法で取り締まる法律をつくろうではないか、ということで成立した法律であります。

◆自然犯と行政犯

［上田］　この法律は、ねずみ講の処罰というのが自然犯か行政犯か。自然犯というのは刑法に書い

てあるような法体系のもの。行政犯というのは、行政法規を担保するために行政法規違反の場合に処罰をするという形態のもの。この二つの刑事法の形態があるわけですが、このどちらにあたるものとして観念すべきかという点で大いに議論がありました。

結論的にいいますと、これは自然犯的なもの、刑法犯と同じようなものとして考えるべきではないかということになりまして、そうなりますと、法体系としても古くは暴力行為等処罰ニ関スル法律とか、人質による強要行為等の処罰に関する法律、航空機の強取等に関する法律などのように、刑法の特別法といわれるような法律はすべて第一条に目的などというのは書いてありません。これは当然悪とされる行為であるからということで、目的などなしにすぐに処罰規定を書くというのが、刑法犯に類する法体系であります。

この無限連鎖講はその法体系に属するけれども、ねずみ講をはびこらさないようにという啓蒙宣伝とかその他、行政法規をいろいろ規定することによって、単なる刑事法ではない。したがって、この法律の所管はかつての経済企画庁と法務省の両方にまたがるという意味合いにおいて、目的から始まって定義を書くという通常の行政法規に近いような規定の書き方をしておりますが、「何々してはならない。その規定に違反したものは処罰する」という書き方にはしていないところに、自然犯的な色彩を残しているということがいえる。

ということで、立法技術的にも特異な法律体系の一つではないかと思います。

［坂本］　今、上田先生のお話しされた点は、後ほど成立した法律でグリコ・森永事件に対する流通

食品への毒物の混入等の防止等に関する特別措置法というのがあります。継続審査を重ねて漸く第百九国会に成立しましたが、これは私が部長として実際にタッチしたのですが、法務省としては、自然犯だけを規定する法律をつくるというのは非常にいやがるのです。自然犯だけの「何々したるものはこれこれの刑に処する」という法律は、所管ははっきりしていて、書けばそれは法務省単独所管になる。法務省としてはそういう法律をつくるのは非常にいやがりまして、流通食品の処罰は刑法の特例法みたいなものを書いたわけですが、その場合は目的とかいろいろそういうものに対する行政措置とか指導とか、行政的なものはなにもないのですが、そういうものをまわりに散りばめて、全体としてそのなかに自然犯を処罰するような規定を埋没させて、いろいろな役所と共管にする、そういう姿勢がある。そこをめぐって法務省とほかの省を巻き込むとか、グリコ・森永事件が起きたあとの流通食品の関係でも同じような問題があったと思うわけです。

今お話ししたのは成立した法律なのですが、あと三木内閣、福田内閣と続いて成立しなかった法律がいっぱいあるわけです。このころ、野党立法で地方陸上交通事業の維持整備など交通事業関係とか環境アセスメントなどの公害関係のものが出ているのです。そういう法律案もだいぶありますので、追加しておきます。

［上田］　この前にいっぺん総括してしゃべっていると思いますが、それは対抗案というよりむしろ政策先行型の法律案ですね。

◆法律に関する調査案件の増加

〔上田〕 ここでまとめてどうしても話しておきたいことがあります。それは法律に関する調査案件といいますか、法律に関する相談業務が非常に増えて来たということです。それは先にお話しましたように三木総理の信頼厚かった川口局長との関係といった場合はいうに及ばず、選挙近くになると公職選挙法の解釈特に選挙運動について違反になるかどうかといった問合わせは従来からも多かったのですが、昭和五十一年二月の予算審議中に明るみに出たロッキード事件のときは、予算委員会における証人喚問手続きについて事務局からの照会事項が多く大変な苦労があったようです。この時は私は担当部長でなく直接タッチしませんでしたが、後に担当部長になってから当時の資料が整理されて残っているので大変助かったという記憶があります。特に外国人、日本在住でないアメリカ在住のアメリカ人を証人として呼ぶのはどういう手続きが必要かといった場合は、始めてのことなので慎重に検討されたようですが、その重要なものは衆議院委員会先例集に掲載されています。

〔坂本〕 上田さんのお話のとおりで、この調査案件といいますか法律相談業務は年々増えて来まして、今や法制局の仕事として、議員立法の立案、修正案の作成と三本柱といってもいいぐらい重要度が増して来ましたね。私も局長になってからも議員から直接法律の質問が電話でかかってくることが間々ありましたが、即答できるものはよいのですがむつかしい法律問題は時間をいただいて検討の上解答するようにしていました。

今ロッキード事件の話が出ましたが、三木内閣の時はこの事件処理に追われたというのが実際ですが、福田内閣のときも田中元首相の公判をはじめ多くの被告の裁判が始まり、大平内閣のときにダグラス・グラマン疑惑と続き、この頃から政治倫理の問題がやかましくなって、その後の政治改革に続くことになります。

◆大平内閣時代の議員立法

［坂本］　大平内閣は昭和五三年十二月に成立しますが、第八十七国会では、昭和五十四年度予算が委員会で否決、本会議で十四票差で漸く可決されるという有様で、元号法（政府案）のような重要法案は成立したものの生活関連法案は廃案となり、提出件数六八件中成立は四三件のみでありました。

そして第八十八臨時会で衆議院は解散されましたが、選挙の結果解散時の議席も確保できず、無所属を加えて辛うじて過半数に達したものの、内閣総理大臣の指名では福田前首相との決戦投票で漸く第二次大平内閣が成立するという政治的に不安定な状態でありました。

このような政治状勢でしたので、昭和五十五年度予算も委員会では否決、本会議で漸く可決されましたが、同年五月十六日、野党提出の内閣不信任案に自民党非主流派六九名が欠席、不信任案が可決されるというハプニングが起き、大平首相は衆議院を解散しました。

その後の総選挙中に大平首相は死去、大平内閣は終わりを告げることになりましたが、この時代の議員立法についてお話ねがえればと思います。

［上田］　今お話のように大平内閣時代は政治的不安定を反映してか、議員立法も第八十七国会は継

続審査三十五を含めて七十一件中成立は八件、第九十一国会も継続審査十を含めて六十八件中成立は九件と成立率は低調でした。

その中で先にお話しした角膜及び腎臓の移植に関する法律が第九十国会に、過疎地域振興特別措置法、国会法の一部改正法が第九十一国会に成立しています。国会法改正は、衆議院の常任委員会として、科学技術、環境委員会の二つを追加する改正ですが、参議院と常任委員会の数が違うことになるので、これらの点は衆、参両院の規則で書くべきではないか、国会法は両院共通の事項、両院にまたがる事項に限るべきではないかという意見もありましたが、結局国会法の改正ということで落ち着きました。ちなみにその後の改正によって参議院だけに置かれる調査会も、国会法に規定されています。

◆鈴木内閣時代の議員立法

［坂本］ 大平首相の死去後の初の衆参同日選挙は、衆議院二八四、参議院六九と自民党の圧勝に終わり、七月十七日に召集された第九十二特別会冒頭において鈴木内閣が成立します。

鈴木内閣では、大平内閣時代からの懸案事項であった日本国有鉄道経営再建促進特別措置法、郵便料金値上げを伴う郵便法の一部改正、健康保険法の一部改正などを成立させ、行政改革推進のため、臨時行政調査会設置法も同じ第九十三国会に政府案として成立させています。いわゆる第二臨調で、この第一次答申を受けた行政改革関連法を審議するため、昭和五十六年九月、第九十五国会が召集されていますが、国鉄民営化等の抜本改革は、中曽根内閣になってからということになります。

鈴木内閣は約二年で昭和五十七年十一月中曽根内閣にバトンタッチされるのですが、議員立法はどんなものがありましたか。

〔上田〕　第九十四通常会は数でいえば衆法は継続一〇を含めて六十四件中十六件成立、第九十六通常会は継続三十四を含めて七十五件中十七件成立と大体変わりませんが、例によって野党案が多く、成立したものも国会関係を除き、調理士法、歯科技工士法の一部改正などの一部改正が多いようです。その中で深海底鉱業暫定措置法はマンガン鉱発掘のための法律ですが四十八条にわたる長文の法律でしたし、国立又は公立の大学における外国人教員の任用等に関する特別措置法は、従来の「公権力の行使又は国家意思の形成への参画にたずさわる公務員となるためには日本国籍を必ず必要とする……」という内閣法制局の「当然の法理」を破る画期的法律であり、議論されたところでした。この点は前に話しました『議員立法の研究』の中で渡辺賢先生が『いわゆる外国人教員任用法と「当然の法理」』という題でまとめておられますから参考になると思います。

記憶に残る法律の一つとして裁判官弾劾法の一部改正（昭和五十六年法律第六十六号）があります。内容は最高裁から罷免の訴追を求められている裁判官は公職選挙法九〇条の立候補による公務員の退職に関する規定を適用しないとするもので、訴追を優先させるという簡単なものですが、こと立候補に関するものとて自民党政調会で担当部長として説明しましたがその時は預りとなり、その後弾劾裁判所の課長が根まわしに議員のところに説明に行き、次の政調会で漸くＯＫが出たという苦労した法律でした。

なお、これは参法で我々は直接立案にタッチしませんでしたが、参議院議員選挙への比例代表制導入という公職選挙法の大改正が第九十六国会に成立していることを申し添えておきます。これは拘束名簿式比例代表制を始めてとり入れたもので、その後衆議院議員の選挙にも小選挙区制とだきあわせで採用されていますし、その後参議院では拘束名簿式から非拘束名簿式に改正されていますが、何れにしても比例代表制をわが国選挙制度にとり入れた最初という意味で重要な議員立法です。

◆中曽根内閣時代――行政改革と政治倫理

［坂本］　続いて中曽根内閣時代に移ります。中曽根内閣は自民党総裁の任期を一年延ばし、昭和五十七年十一月から昭和六十二年十一月までの五年間続いた長期政権ですが、その間いろいろの政治課題を解決してきましたが、かいつまんで申せば一つは行政改革、もう一つは政治倫理の二つの問題に集約して話を進めてゆきたいと思います。

先の行政改革は、第九十八通常会で先の臨時行政調査会解散のあと、その答申を受けて講ぜられる行政制度や行政運営の改善に関する施策を見届け、また新たな答申のための行政改革推進審議会設置法が制定され、第百臨時会では、国家行政組織法の改正など行政改革六法案が成立しています。

この当時上田先生は法制局長に就任されたと思うのですが。

［上田］　昭和五十八年四月十八日衆議院本会議の承認を得て同日議長から辞令をいただきました。それから平成元年六月二十二日退職するまでの間、法制局長在任中ずっと政治倫理の問題ととっくむ

ことになりました。

先のロッキード事件にからんで「議員田中角栄君の議員辞職勧告に関する決議案」が昭和五十八年二月に野党から提出され、その処理をどうするかが大問題でした。当時は今日のように辞職勧告決議が採決されたことは衆議院では一度もなかったのですが、参議院で一件、その後衆議院でも同様決議が成立しても勧告であるとの理由から議員を辞職しないというような事例が生じましたが、このような前例が生まれることは好ましくないとして慎重な取扱がなされていたのです。

しかし、第百国会中の十月に東京地裁で田中元首相に有罪の判決が下ったものですから、野党は決議案の本会議上提を強く迫り、自民党はこれを拒否、野党は審議拒否をもってこれに対抗、国会は空転状態となりました。そこで中曽根首相は田中元首相と会談、辞職を助言したが受け入れられず、両院議長に事態の収拾を依頼、結局衆議院は解散となりました。

解散後の総選挙では、自民党は過半数を割り、新自由クラブとの連立を組むことになります。前の衆参同日選挙で自民党は大勝したのに、また保革伯仲時代を迎えることになるわけです。

〔坂本〕　総選挙後の第百一特別会では、たばこ専売事業を民営化するためのたばこ事業法及びたばこ産業株式会社法が成立し、第百二通常会では、日本電信電話株式会社法が成立して電電公社からNTTにかわります。そして行政改革の総仕上げとして第百七国会、第三次中曽根内閣時代に日本国有鉄道改革法他国鉄民営化のための関連法が成立して今のJRが発足することになりました。

これら行政改革の法律はすべていうまでもなく政府案ですが、もう一方の柱である政治倫理の問題は議員に関係しますので、議員立法で処理されるということになりますね。

◆政治倫理から政治改革へ

［上田］　先にお話しましたように、衆議院解散後の第百一特別会では前国会における議長の「政治倫理確立のための具体策を講ずる機関を設けるべきである」との提案に基づき、議長の諮問機関として政治倫理に関する協議会（政倫協）が設置され、辞職勧告決議の問題は棚上げして議員の懲罰事犯の対象として取り上げられないか、いわゆる懲罰対象の拡大の問題に移り、橋本公亘中大教授ら四人の学者の意見も聞きましたが慎重な意見が大方でしたので、別途政治倫理綱領、行為規範の作成、これらの違反行為（その後の改正により資産公開法、政治資金規正法違反を含む）を審査する機関としての政治倫理審査会の設置を内容とする国会法の改正の三本が第百二国会に成立しました。

これらの点は、私が日本法政学会第八十九回総会で報告したものが学会誌「法政論叢」三五巻二号に掲載されていますので参考にしていただければと思います。

［坂本］　政治倫理の問題はこれで一段落かと思われましたが、昭和六十三年にはリクルート事件が発覚します。竹下内閣の時代ですが、そこで中曽根内閣時代に行われた閣僚の資産公開と同様に国会議員の資産公開を行うべきであるとして、与野党とも法案を作成、国会に提出しましたが、成立したのは海部内閣の次の宮沢内閣時代、平成四年ということになります。政治倫理の確立のための国会議員の資産等の公開等に関する法律ですが、その後も議員の不祥事が起こる度に傷口をふさぐ膏薬のよ

うに、例えば政治倫理の確立のための仮名による株取引等の禁止に関する法律（平成十一年法律第百二十六号）などが制定されています。

［上田］　リクルート事件に伴い、昭和六十四年の年頭記者会見において、竹下首相は「内政面では今年を『政治改革元年』とする決意である」との抱負を述べ、以下「政治改革」という言葉でまとめられて、政治倫理さらに政治家とカネの問題はこれに包摂されてしまい、むしろ選挙制度、特に小選挙区制の問題に重要度が移っていき、政治倫理ないし政治家とカネの問題は脇役にまわされた感じがします。

これらの問題は小選挙区比例代表制の導入、政党助成法の制定により細川内閣で一応決着がつきますが、政治資金の問題など未解決の問題が多く、今日に及んでいます。これらの点は後にしましょう。

◆衆議院議員の定数是正

［上田］　ここで衆議院議員の定数是正問題をまとめておきましょう。この問題は、いうまでもなく昭和五十一年の最高裁違憲判決が出てから現実具体的な問題となりました。この判決では、最大較差一対四・九九の不均衡が法の下の平等に反し、かつ改正後八年余の放置が合理的期間を経過しているとの理由で、公職選挙法の定数配分規定を違憲とするが、事情判決の法理を適用して選挙自体は無効としないという有名な判決でした。

その後昭和五十五年に行われた総選挙に関し、昭和五十八年に最高裁判決が出ていますが、これは最大較差一対三・九四の不均衡を違憲状態と認めつつ、合理的期間を経過していないという理由で違憲とは判断しませんでした。

こういう事情を受けて、国会では各党がいかにこれに対処すべきか議論がされましたが、何といっても各議員の死命を制す問題ですからなかなかまとまらず、漸く昭和六十年第百二通常会に自民党の六増六減案と野党四党統一案が提案されましたが、会期末で審議時間もなく継続審査となりました。

しかし、この案も第百三臨時会で廃案となりましたので、「昭和六十年国勢調査の速報値に基づき、来る通常会において速やかに成立を期するものとする。以下略」との議長見解を各党了承し、さらに「議員定数の是正に関する決議」がされました。

というのも、この臨時会が開かれる前の同年七月十七日最高裁は昭和五十八年に行われた総選挙に関し、最大較差一対四・四〇の不均衡、合理的期間も経過していることを理由に違憲と判断したものですから、廃案のまま放置できず、定数是正は待ったなしという状態であったからであります。

そこで翌昭和六十一年の百四通常会において、会期末ぎりぎりにいわゆる八増七減案が漸く成立しました。

これらの経過は、先にお話ししました『議員立法の研究』の中で中村睦男先生が『衆議院議員定数是正の成立と最高裁判決』の題の下に詳しく書いておられますから、特に首相の解散権とのからみもあり、読んでいただきたいと思います。

［坂本］　定数是正の問題は議員個々人の死活に関係しますから、党理党略、派理派略どころか個理

個略が入り組んでなかなかまとまらないという厄介な問題です。

私も平成四年第百二十五臨時会で成立したいわゆる九増一〇減案の作成にタッチしました。これは平成二年の国勢調査の結果最大較差一対三・三八となっている違憲状態を解消するとともに、昭和六十一年の定数是正で一人増員された点をもとの五一一に戻した点が注目されるところです。これに伴い、奄美群島区の区域は、鹿児島県第一区に属することとされました。

この問題は細川内閣における小選挙区比例代表並立制の導入によって一応解決したといいたいところですが、小選挙区制でも一対二をこえる選挙区があるところから、総選挙ごとに違憲訴訟が提起されています。一対二以内に選挙区割りをすることはなかなかむつかしくて、衆議院議員選挙区画定審議会も苦労されているようですね。

【上田】　お話のとおりで第百三十一国会に政府から提案された公職選挙法の一部改正、いわゆる区割法について、私もこの時はすでに退職し、白鷗大学で教えていたものですから、参考人として呼ばれ、小選挙区間の定員の較差がやむをえず二倍をこえる選挙区があっても、直ちに違憲とはいえないという立場で意見を述べました。

なお、先の八増七減案が成立しました昭和六十一年は、解散風が吹いており、参議院議員の通常選挙の年でもありましたので、自民党圧勝に終わった昭和五十五年の衆参同日選挙にならって同日選挙にもちこむべく、六月二日臨時国会をわざわざ召集、同日解散という世にいわれる「寝たふり解散」が行われました。

というのは八増七減案の施行期日は、同日選挙をはばもうとする野党の意見も聞き、有権者の立場を尊重して周知期間を置くとの与野党の合意に基づいて、「公布の日から起算して三十日に当たる日以後始めて公示される総選挙から施行する」としましたが、これは「次の総選挙から施行する」という通常の立法例とは違っています。

この周知期間を置いたことにより七月六日、日曜日に同日選挙を行うため、公職選挙法第三十二条の制約もあるところから、六月二日臨時国会召集、同日解散の途を取らざるを得なかったというわけです。

立法技術としては、「経過した日」と「当たる日」、「後」と「以後」の二点の書き方次第によっては二日遅れることになって、七月六日の同日選挙は行えなくなるぎりぎりの規定を設けたという思い出がありますが、この点は『憲法と国会』第一回の『憲法上の期間を定めた規定について』法令解説資料総覧（第一法規）七二号に私が書いておりますので参考にしていただければと思います。

◆サラ金二法と台湾住民戦没者遺族弔慰金法

［坂本］　中曽根内閣時代の議員立法としては貸金業の規制に関する法律と出資の受入れ、預り金及び金利等の取締まりに関する法律の一部改正、いわゆるサラ金二法が第九十六国会に提出され、継続審査の末、漸く第九十八国会で成立しています（昭和五十八年法律第三十二・三十三号）。

これは当時社会問題となっていたサラ金悲劇を防止するため、前者の法律で貸金業者を登録制とし、返済能力を超えると認められる過剰貸付の禁止などの業務規制、監督は大蔵大臣または都道府県知事とすることを規定しています。なお、利息制限法との関係について、貸金業者に対し厳しい業務規制を課し、後者の法律を改正して刑事罰対象金利を引き下げることにしていることから、債務者が利息として任意に支払った金額が利息制限法に定める利息制限額を超えるときは、その超過部分（いわゆるグレーゾーン）の支払いは、有効な利息の債務の弁済とみなし、問題となっていた有名な最高裁判例（最大判昭和四三・一一・一三民集二二巻一二号）との関係に決着をつけています。

後者の法律では、刑事罰の対象となる制限利率は、年一〇九・五％となっているのを貸金業者については年四〇・〇〇四とし、急激な条件変更を緩和するため、附則で経過措置を設けています。

行政的に野放し状態にあり、経営基盤のもろさやモラルの低さから社会問題となっていたこの貸金業者の取り締まりは、行政府側が当時の総理府、大蔵、法務、自治、警察庁、経企庁の六省庁にまたがること、業者数の増大などから消極的でありましたので、昭和五十四年第八十七国会では、自民、社会、公明、共産の各党案が提案されましたが話し合いがつかず、廃案、その後第八十八、第九十一、第九十四国会と再提案されましたが、先にお話ししましたように第九十六国会、継続審査になっていた従来の自民党案を撤回、新たに自民党と新自由クラブ、民主連合提案の先の二法が参議院で継続審査の上漸く第九十八国会で成立するという難産でありました。

このほか、同国会で医学及び歯学の教育のための献体に関する法律が、第百二国会では半島振興法、第百八国会では筑波研究学園都市建設法と同様の関西文化学術研究都市建設法のような地域立法も制定されていますが、ここで台湾住民戦没者遺族弔慰金法についてお話しいただけませんか。

【上田】　台湾住民である戦没者の遺族等に対する弔慰金等に関する法律が正確な題名ですが、第百九国会に成立しました。

これは超党派議員の集まりである台湾戦没者等問題議員懇談会の有馬元治会長の熱心な動きによって成立したのですが、元日本兵士であった台湾人については、日本国籍を持たないということで何らの補償もされないというのはいかにも片手落ちであるとして、補償請求の訴訟が起こされていました。

一審、二審ともこの請求は退けられましたが、二審の東京高裁では、四十年の歳月が経過したいま、補償をいまだに放置している日本政府の責任を道義的観点から厳しく批判し、「国政関係者には、予測される外交上、財政上、法技術上の困難を克服し、早急にこの不利益を払拭し、国際信用を高めるよう尽力することが期待されている」という形で異例の注文をつけていました。

そこでこの訴訟が上告中の昭和六十二年九月、法律第百五号としてこの法律が制定施行され、漸く立法的解決がされたわけです。

内容的に一番問題となったのは国交のない台湾の住民である日本の旧軍人又は旧軍属の戦没者の遺族等にどういう外交ルートを通じて弔慰金又は見舞金を支給するかという点でありました。この点有馬会長の尽力で日本の窓口は日本赤十字社、台湾の窓口は台湾にある救護及び社会奉仕を業務とする機関（紅十字会）を通じて支給するということになり、翌昭和六十三年特定弔慰金等の支給の実施に関する法律が政府から提案され、結局二百万円が支給されました。

違憲判決だけでなく、裁判所から立法を促すという判決を契機に、これに答えて立法がなされたという意味で異例の議員立法ということがいえます。

なお、成立しなかった議員立法で、自民党から国家秘密に係るスパイ行為等の防止に関する法律案が百二国会に提出されていることもつけ加えておきましょう。

◆竹下内閣時代の議員立法——議院証言法の改正と静穏保持法

［坂本］　昭和六十二年十一月自民党総裁の任期切れに伴い、竹下総裁が指名され、竹下内閣が成立します。

竹下内閣では中曽根内閣でなしとげられなかった税制改革として、消費税導入を中心とした税制改正が成立したことは何といっても特筆大書すべき事柄だったと思います。

一方、リクルート事件が起こり、宮沢大蔵大臣まで辞職するに及んで、竹下内閣もその責任を取って退陣、宇野内閣にバトンタッチされるわけですが、この時代の議員立法についてお話を願います。

［上田］　竹下内閣は、昭和六十二年十一月六日から平成元年六月二日まで続くわけですが、私もこの第百十四国会の最終日である六月二十二日に退職しております。

その間の議員立法の主なものとして二つあげておきましょう。

一つは議院における証人の宣誓及び証言等に関する法律の一部を改正する法律です。この法律は昭和二十二年制定以来大きな改正はありませんでしたが、先に話しましたロッキード事件で多くの証人

静穏保持法案

請願行進は適用を除外

衆院委、追加し可決

国会や外国大使館周辺などでの大音量の拡声機使用を規制する「国会・外国公館等周辺地域の静穏保持法案」が一日の衆院議院運営委員会で、自民、公明、民社各党の賛成多数により可決された。社会、共産両党は反対した。採決に先立って、法案にはこれまで固まっていた内容に「法令の規定に従って行われる請願のための集団行進については影響を及ぼさない」（第八条二項）を付け加えた。また同委では、法案が成立した場合、実施にあたって政府側に「国民の基本的人権に深く関わることに鑑み、これを不当に侵害しないよう慎重に行うべきだ」と求める決議を全会一致で採択した。

同委での質疑では、社会、共産両党は①規制する音量の下限を明確にし、規制の範囲をはっきりさせる方法を取るべきだ②拡声機使用の規制対象となる「静穏を害するような方法」かどうか、の判断が現場の警察官にまかされるのは問題、などと主張した。

上田章衆院法制局長は「移動中の街宣車の場合、測定方法によって音量が変わるなどの技術的な問題があり、具体的な音量規制の基準は設定するのが難しい」と説明した。

▲朝日新聞昭和63年12月２日

を喚問して以来、主として証人の人権の保護というサイドから問題視され、一部は法改正を待たず運用の面で改善された点もありましたが、法改正は与野党の政治かけひきもあり、その成立は昭和六十三年第百十三臨時会まで約十年かかりました。

その内容は、喚問までの猶予期間、尋問事項の通知、補佐人制度、証人の宣誓、証言の拒絶権の告知、尋問事項の制限、テレビ撮影の禁止など人権保護の観点からの改正が多かったのですが、院外尋問の規定だけは委員会権限の拡大といえましょう。

なお、テレビ撮影の禁止は、マスコミなどからの評判が悪く、平成十年に再改正が行われ、証人の意見を聞いた上で、委員長が委員会に諮って許可する制度に改められました。

これらの点は、白鷗法学創刊号（一九九四年）、議会政治研究三四号（一九九五年）にまとめて書いていますので参考にしていただければと思います。

もう一つは静穏保持法、正確には国会議事堂等周辺地域及び外国公館等周辺地域の静穏の保持に関する法律であります。これは国会議事堂周辺や外国公館周辺で右翼の街頭宣伝車が拡声器でがなりたて、国政審議にも差し支えるということから、現行法では十分な取り締まりができないということで、新規立法をしようということになったわけであります。しかし事柄が一応言論の問題にかかわりますので、この法律の必要性、規制目的の合理性、規制目的に合理性があるとしても規制手段が必要最小限度といえるかどうか、というような観点から慎重に検討致しました。特に直接強制は認めない、静穏保持という観点から立法するのはいいが、言論の内容に立ち入って議論することは認めないということでこの方針を貫きました。

結局社会、共産反対のまま委員長提出として衆議院で可決、参議院でも社会、共産反対で可決成立しましたが、この経過につきましては、『議員立法の研究』に『議員立法における治安関係立法について――静穏保持法を中心として――』という題で書いております。

なお、この法律で、施行期日を「公布の日から起算して十日を経過した日」としています。一般に罰則のついている法律は国民に周知させる必要から二十日間を置くのが原則と教えられてきたのですが、この時はシュワルナゼソ連外相の来日に間に合わせたいという事情があり、立法例もあったことから十日間としました。

この法律が私が議員立法でタッチした中で、有斐閣の六法全書に載っている最後のもので、置き土産のような形になりました。

ここで坂本さんとの対談が終わらざるを得なくなってしまった。というのは、彼が病に倒れたからである。私の退職後も現役であった彼にもっぱら話してもらい、私は聞き役に廻ろうとした矢先である。大変残念だが仕方がない。

そこで中途半端というわけにもゆかないので私が後をまとめることにした。退職後も私は平成四年から平成九年まで白鷗大学で憲法を教え、又平成三年には桜内衆議院議長の下に置かれた「国会議員の秘書に関する調査会」（座長衛藤瀋吉）の委員を委嘱され、政策秘書の創設などを含む報告書を答申し、平成五年から平成八年まで土井、鯨岡衆議院正副議長による「国会改革に関する私的研究会」委員として「国会改革への一つの提言」「議員立法の活性化について」と二回にわたって報告書を提出した。

平成十三年には綿貫衆議院議長の下に置かれた「衆議院改革に関する調査会」（座長瀬島龍三）の委員を委嘱され、平成十五年には再度綿貫議長の下に置かれた「国会議員の秘書に関する調査会」（座長衛藤瀋吉）の委員としてともに報告書を答申した。

このように、退職後も法律ないし国会関係の仕事と離れることができず、今日に至ったが、いうまでもなく現職を離れ、議員立法の立案に直接タッチしてはいないもののこのような実情で一研究学徒として関心はもち続けていたので、これからはこのような立場でまとめてゆきたいと思う。

◆海部・宮沢内閣時代

先の対談で三木内閣から宮沢内閣までを政治的な大きな流れの中で次のような特色をもつものとしてまとめて話を進めるということにしていた。

それは、政治的には衆参院とも保革伯仲時代を迎えたこと、第二点は政治倫理に関する問題が次々と起こり、これに対処するため政治改革が重要課題となったことであり、この政治情勢から法律案制定という面でとらえてみると政府案も百件前後、議員立法も二十件前後の法律が制定されるという安定期が続いたということである点は前述したところである。

しかし、五五年体制も終期を迎える海部、宮沢内閣時代は、法律案件数では右と同様のことがいえるが、法律の内容については波乱含みのものが幾つかみられた。

◆消費税法関係

一つは消費税法の制定とその後の廃止法の動きである。久し振りに牛歩戦術などによる野党の抵抗にあったものの、消費税とその関連法律は竹下内閣時代に漸く成立、平成元年四月一日から施行された。

しかし、竹下内閣の後を継いだ宇野内閣の時の第十五回参議院議員通常選挙の結果、与野党が逆転し、衆議院との「ねじれ現象」が見られることとなった。

参議院選惨敗の責を負って宇野内閣が退陣し、海部内閣が成立するが、その百十六臨時会では、参議院野党四会派（社会・公明・連合・民社）共同提出の消費税廃止関連法案九件が参議院で可決され、衆議院に回付されたが廃案となる。そして、平成二年二月の解散総選挙後の第百十八特別会では、今度は衆議院で野党四会派（社会・公明・民社・進歩民主連合）が消費税廃止関連法案四件を共同提案し、政府の消費税見直し法案である消費税法及び租税特別措置法の一部を改正する法律案とともに審議されたが、衆議院では政府案が可決、野党案が否決。参議院では会期切れで政府案も廃案となってしまった。

結局消費税の見直しは、税制問題等に関する両院合同協議会で検討され、第二種社会福祉事業を非課税とする等の緊急措置を内容とする消費税法の改正が平成三年五月、第百二十国会で共産党を除く各党会派により提出され、成立している。

◆ＰＫＯ法の制定

二つ目は国際連合平和維持活動等に対する協力に関する法律（ＰＫＯ法）の制定である。

平成二年八月二日、イラク軍がクエートに侵攻した。この湾岸危機に対応するため、第百十九臨時会に海部内閣は国際連合平和協力法案を国会に提出したが、野党の反対にあって衆議院で廃案、第百二十通常会では、一月十七日に湾岸戦争が始まり、国際貢献の一つとして九〇億ドル支出の財源としての予算は可決されたが、ＰＫＯ法案については審議時間不足で衆議院で継続審議となり、さらに第百二十二国会では自民、公明による衆議院での強行採決、補充質問、採決確認等の経過を経て参議院に送付されたが、今度は参議院で継続審議、これが成立するのは平成四年、第百二十三国会宮沢内閣時代である。それも参議院での委員会強行採決、四泊五日の徹夜国会の後成立という難産であった。

これが自衛隊が海外に出動することを認めた最初の法律であって、以後平成十三年、第百五十三臨時会における「平成十三年九月十一日のアメリカ合衆国において発生したテロリストによる攻撃等に対応して行われる国際連合憲章の目的達成のための諸外国の活動に対して我が国が実施する措置及び関連する国際連合決議等に基づく人道的措置に関する特別措置法」（テロ対策特別措置法）、平成十五年、第百五十六国会における「イラクにおける人道復興支援活動及び安全確保支援活動の実施に関する特別措置法」の制定と続くことになる。

これらの法律はいうまでもなくすべて内閣提出の法律である。

◆政治改革

三つ目は政治倫理ないし政治改革の問題である。宇野内閣の時に第八次選挙制度審議会が発足し、平成二年四月、七月、平成三年六月と三回答申が提出されているが、平成三年第百二十一臨時会では海部内閣は答申の基本的な考え方を踏まえて公職選挙法の一部改正、政治資金規正法の一部改正及び政党助成法案を提出したが廃案、結局海部内閣は倒れ、宮沢内閣が発足するが、政党間の協議機関として政治改革協議会が設置され、そこで検討されることとなった。

政治改革協議会は、平成四年三月以降精力的な協議によって共産党を除く各党の合意に達したが、この第百二十三通常会はＰＫＯ法の審議で各党対立し、審議の時間的余裕なく、同年一〇月開かれた第百二十五臨時会に持ち越されることとなった。

この臨時会で成立したのは、⑴政治倫理の確立のための国会議員の資産等の公開等に関する法律とこれに関連する行為規範の一部改正及び衆議院政治倫理審査会規定の一部改正、⑵自民党提出の前述した九増十減を内容とする公職選挙法の一部改正、⑶収賄罪により刑に処せられその刑の執行猶予中の者も選挙権及び被選挙権を有しないこと、選挙運動期間の短縮等を内容とする公職選挙法の一部改正、⑷政治資金パーティーについての規制、政治資金の運用の規制、政治団体が有する資産の公開等を内容とする政治資金規正法の一部改正である。特に⑴、⑶、⑷は政治改革協議会で共産党を除く各党合意の下、委員長提出として成立したものである。

しかし、これらの法律改正は、「緊急に改革すべき事項を実施するとともに、違憲状態ともいうべき衆議院議員の定数に関する現行規定を早急に改正するための暫定措置である。……当委員会は引き続き、抜本的な政治改革に取り組み、その速やかな実現に努め、国民の期待に応えるものである。」との衆議院公職選挙法改正に関する調査特別委員会の「政治改革の推進に関する決議」にもあるように、あくまでも「暫定措置」であり、「抜本的な政治改革」は次国会に見送られたのである。

次の第百二十六通常会では、平成五年四月二日自民党が⑴総定数を五〇〇人とする単純小選挙区制を中心とする公職選挙法の一部改正案、⑵衆議院議員選挙区画定委員会設置法案、⑶政党の定義を改めること、政党以外の者に対する政治活動に関する寄附及び政党以外の政治団体間の寄附の制限の強化を図ること等を内容とする政治資金規正法の一部改正案、⑷政党助成法案の四法案を衆議院に提出、続いて四月八日、社会党、公明党共同で⑴小選挙区比例代表併用制（総定数五〇〇、小選挙区数二〇〇）を中心とする公職選挙法一部改正案、⑵衆議院議員小選挙区画定等審議会設置法案、⑶政党の定義を改めること、法人その他の団体の政治活動に関する寄附の禁止等を内容とする政治資金規正法の一部改正案、⑷政党交付金の交付に関する法律案、⑸政治倫理法案、⑹両議員に常任委員会として政治倫理委員会を設けること等を内容とする国会法の一部改正案の六法案が同じく衆議院に提出され、これらの法案が政治改革に関する調査特別委員会（⑸⑹は議員運営委員会）で精力的に議論された。

委員会の審査は、政府に対する質疑は一日に止め、与野党議員間で大臣、政府委員抜きで、特に自民党案に対する質疑、社会党・公明党案に対する質疑を日を別々に設ける等通常の委員会と違った議員同士の質疑が四月十四日から五月二十五日まで続き、その後理事会で重ねて度々協議、妥協案が模索されたが、与野党の対立は平行線のままで、六月一八日社会・公明・民社提出の宮沢内閣不信任決議案が自民党羽田孜派などの賛成もあり、可決、同日衆議院は解散され、これら政治改革法案の結着は、次の細川内閣の時まで待たねばならなかった。

◆海部・宮沢内閣時代の議員立法

この時代の議員立法も平成元年、衆法提出二〇件、成立九件、参法提出一六件、成立一件、平成二年、衆法提出一六件、成立八件、参法提出八件、成立〇、平成三年衆法提出三一件、成立一六、参法

提出五件、成立〇、平成四年衆法提出二四件、成立一四件、参法提出一一件、成立〇、平成五年宮沢内閣解散前の第百二六国会では、衆法提出二六件、成立六件、参法提出一六件、成立一件と従来とあまり変りなく、安定しているといえる。

具体的には、先に述べた消費税法関連の法律（廃止法案を含む）や政治倫理ないし政治改革関連法が重要であるが、その他にも海部内閣時代には、対談でふれた臨時脳死及び臓器移植調査会設置法が継続審査になっていたが第百十六臨時会で成立、第百十八特別会では過疎地域活性化特別措置法、山村振興法の一部改正といった地域開発立法が成立している。

宮沢内閣時代には、第百二十三国会でゴルフ場等に係る会員契約の適正化に関する法律、第百二十五臨時会で国会等の移転に関する法律、大阪湾臨海地域開発整備法が成立している。この時代における議員立法をみても、佐川急便事件、共和汚職事件、金丸議員所得税法違反による逮捕と議員がらみの不祥事件が続くところから、何といっても政治倫理の確立、政治改革を早急に進めなければならないという意味で、与野党を問わずこれら関連の法案に重点が置かれていたことがうかがえるのである。

Ⅳ　五十五年体制の崩壊と連立政権時代

◆細川・羽田内閣時代

平成五年六月一八日、野党から提出された宮沢内閣不信任決議案は、自民党議員中賛成三九、欠席一六を数え、結局二五五対二二〇で可決されてしまった。宮沢内閣はこれに対して解散、総選挙の道を選んだが、結果は自民党の過半数割れとなり、八月六日、特別国会で細川内閣が成立し、自民党は政権の座を離れることになった。三十八年続いた自民党政権時代はその幕を閉じ、新しい時代を迎えることとなったのである。

細川内閣は、社会、新生、日本新党、公明、民社、さきがけ、社民連、民主改革連合の連立政権であり、以後一時期を除き連立政権が今日まで続くが、自民党が政権の座を離れていたのは次の羽田内閣までであり、その期間は一年と経っていない。

細川内閣は従来から継続していた政治改革四法律をまがりなりにも成立させ、羽田内閣は平成六年度予算を成立させて少数党内閣の故に総辞職、自、社、さの村山内閣が成立するが、自民党野党時代の議員立法としては、第百二十八臨時会で政府から提出された政治改革四法案の対案として政治腐敗を防止するための公職選挙法及び政治資金規正法の一部改正法案を含む五法案のほか二法案が提出されたにすぎない（他に委員長提出法律案三法案が成立）。第百二十九通常会に至っては、自民党単独の議員立法は一つもなかった（委員長提出は政治改革四法を含め、十件）。

これは、当初、自民党は野党として議員立法による対案を提出することによって政策立案能力の優位性を示す方針をとっていたが、予算編成権を失い、各種支援団体からの陳情にも答えることができず、官僚との協力関係も表面上絶たれたという野党の限界を味った結果、政権に復帰するためには手段を選ばずという方針をとるようになったからである。すなわち、細川首相の佐川スキャンダルをとりあげて細川内閣を倒し、羽田内閣では社会党と接近して権力の座を去っていたその間の焦りの気持を表すかのように、五十五年体制では相対立していた社会、自民首脳間協議で政権合意をし、村山社会党委員長を首相候補とすることにも賛成し、ようやく政権に復帰したのである（草野厚「連立政権」文春新書四五頁）。

◆**政治改革四法律の成立とその内容**

ともあれ、ここでは政治改革四法律の制定経過とその内容についてポイントだけふれておこう。成立した政治改革四法律は、従来と違って政府提出法案である。提出案の主な内容は、

1　公職選挙法の改正

①　小選挙区比例代表並立制（社会党は従来小選挙区比例代表併用制をとっていたが他党と足並みを揃えるため断念）

②　総定数は五〇〇人、うち小選挙区定数二五〇人、比例代表定数二五〇人、比例代表選挙は全国単位

③　投票は二票制、記号式

④　政党の政治活動としての推薦団体、確認団体制度の廃止

2　政治資金規正法の改正

①　政党の定義は次のいずれかに該当する政治団体

イ　所属国会議員五人以上

ロ　直近の総選挙又は通常選挙における得票率三％以上

②　公職の候補者が主宰する政治団体のうちから一つに限り資金管理団体を指定、現行の指定団体及び保有金制度は廃止

③　寄附、政治資金パーティーの対価の支払の公開基準は、年間五万円超に引下げ

④　寄附の制限の強化、罰則の強化

3　衆議院議員選挙区画定審議会設置法

総理府に置かれ、小選挙区の改定に関し調査審議し、改定案を作成して内閣総理大臣に勧告

4　政党助成法

政党交付金の総額は、国民一人当たり三三五円（約四一四億）

これに対し、野党自民党の対案の政府案との違いの主なものは、次のとおりである。

1　公職選挙法の改正案

小選挙区比例代表並立制は同じだが、比例代表選挙は都道府県単位とし、総定数は四七一人、うち小選挙区定数三〇〇人、比例代表定数一七一人であり、投票は一票制、記号式とし、選挙期間を現行一四日から一〇日に短縮する点などが主な相違点である。

2　政治資金規正法の改正案
政党の定義は同じだが、公職の候補者が主宰する政治団体またはその者を後援する政治団体のうちから二以内に限り資金調達団体を指定でき、寄附の公開基準は、政党、政治資金団体は年間五万円超、資金調達団体は五〇万円超、その他の政治団体は一万円超、政治資金パーティーの対価の支払の公開基準は五〇万円超とするなどの点が主な相違点である。

3　衆議院議員小選挙区画定等委員会設置法案
衆議院に置かれ、小選挙区の改定及び比例代表選挙の選挙区における議員数の改定に関し調査審議し、衆議院に意見を提出する。

4　政党助成法案
政党交付金の総額は、国民一人当たり二五〇円（約三〇九億円）
衆議院では十月十三日以降連日審議が行われ、十一月十八日本会議で記名投票の結果、自民党案を否決、政府案を修正議決及び可決の上参議院に送付された。
修正点は次のとおりである。

1　公職選挙法関係
①　小選挙区定数二七四人、比例代表定数二二六人と改める。
②　選挙運動期間を二日短縮して十二日間とする。
③　公職にある間に収賄罪を犯し実刑に処せられた者について、実刑期間に加えてその後の五年

間、公民権を停止する。

④ 政治活動用ポスターの選挙区内での掲示を、選挙直前の一定期間禁止する。

2 政治資金規正法関係

政治資金パーティーの対価の支払いの公開基準を、一の政治資金パーティー当たり二〇万円超に改める。

3 政党助成法関係

① 政党交付金の総額は国民一人当たり三三五円を二五〇円に改める。

② 政党交付金による支出のうち人件費等以外の経費に係る支出については、公開基準を一件五万円以上に改める。

以上修正の内容をみてもわかるように、自民党案と妥協を図る意図がみられるが、前述のように自民党の賛成をえられず、賛成多数で参議院に送付されたのである。

参議院では十一月二十六日本会議で趣旨説明が行われ、会期末の十二月十五日、翌平成六年一月二十九日まで四十五日間の前例のない年をまたいでの会期延長がされたが、一月二十一日修正された政府案は否決されてしまった。

これを受けて一月二十六日、二十七日の二日間両院協議会が開かれたが衆参の対立はとけず、一時は成案を得るに至らず打切りになるかと思われたが、土井衆議院議長のあっせんにより、会期末の前日細川総理と河野自民党総裁とのトップ会談が行われ、合意が成立した。

その合意書によると、「本合意に基づく修正を平成六年度当初予算審議に先立って実現させることを前提に、今国会では施行日を修正した上で政府提出法案を成立させることとする。なお、成立した法律の施行期日は別に定める施行法によるものとし、当該施行法は本合意に基づく修正と同時に成立させるものとする。」というものであった。

その結果両院協議会では、「衆議院議員選挙区画定審議会設置法案両院協議会協議案」として「衆議院議決案附則第一条中「公布の日」を「別に法律に定める日」に改める。その他は、衆議院議決のとおりとする。」ことによりその他の三法律案ともいわば施行を凍結することができるので、その他の三法律の協議案はいずれも「衆議院の議決のとおりとする」とされ、これらの協議案が出席協議委員の三分の二以上の多数をもって両院協議会の成案とすることに決定されたのである。そして、一月二十九日、衆、参本会議で可決、次期国会における改正を前提としつつもようやく政治改革四法案は成立することとなった。

これをうけて第百二十九通常会における政治改革四法は、与野党合意の経過に伴い、議員立法として成立したが、その主な内容は、次のとおりである。

1　公職選挙法の改正

①　小選挙区定数三〇〇人、比例代表定数二〇〇人

②　比例代表選挙の選挙区は、全国を一一に分けたブロック単位

③　候補者届出政党、名簿届出政党等の要件の改正その他

2　政治資金規正法改正
①　政党の定義は次のいずれかに該当する政治団体
イ　所属国会議員五人以上
ロ　前回の総選挙又は前回若しくは前々回の通常選挙における得票数の二％以上
②　企業等の団体（政治団体を除く。）が政党、政治資金団体及び資金管理団体以外の者に対して行う寄附の禁止（資金管理団体に対する寄附の総枠制限年間三七五万円から五〇〇〇万円まで、個別制限五〇万円）

3　政党助成法の改正
1　政党交付金の交付の対象となる政党は、政治資金規正法上の政党と同じ
2　交付限度額は、当該政党の前年の収入総額の三分の二

4　衆議院議員選挙区画定審議会設置法の改正は施行日だけである。

以上数年にわたって繰り拡げられた各政党の思惑の坩堝でもえたぎっていつ果てるとも知れないと思われた政治改革四法は、ようやく日の目を見ることとなったが、各政党からすれば満点とはいえず、不満も残る所多々あったこととは思われるが、立案を補佐する立場からは一応の解決をみ、ほっとしたことであったので、少々詳しく説明を試みた。

なお、第百三十一臨時会では、小選挙区の画定案を内容とする公職選挙法の一部改正（いわゆる

「区割り法案」）が政府から提出され、連座制の強化等を内容とする公職選挙法の一部改正が自民・社会・さきがけの与党と統一会派改革の野党から提出された。

前者の区割り法案については、選挙区間の人口の最大較差が二・一三七倍となっていることについて憲法違反ではないかとの議論があり、この点について、参考人として招致され、佐藤功上智大学名誉教授とともに合憲論の立場から意見陳述をした（小林武南山大学教授は違憲論）。

後者の連座制の強化等を内容とする改正案については与野党の合意が成立し、組織的選挙運動管理者等に係る連座制の創設と重複立候補者に対する連座制の強化を中心として、併合修正（二つの法律案を併合して一案とする議案の修正の一形態（衆議院先例集二八三、衆議院委員会先例案九八）である）によって成立した。

最後に、同じ臨時会で政党交付金の交付を受ける政党等に対する法人格の付与に関する法律も政治改革に関する調査特別委員長提出法案として成立したことを付け加えておこう。

◆村山・橋本内閣時代

平成六年六月二九日、村山内閣が誕生した。いわゆる自（民）、社（会）、さ（さきがけ）連立政権である。五十五年体制下で対決していた自民、社会が連立政権をつくろうとは誰も夢想だにしなかったところだが、政治の世界は「一寸先が闇」とはよく言ったものである。

それはとも角、村山内閣は平成八年一月総辞職し、自民党総裁であった橋本内閣が自、社、さ連立のもと後を継ぐことになるが、同年九月二十七日衆議院解散、総選挙後の十一月第二次橋本内閣の成立後は自民単独内閣となり、社会、さきがけは閣外協力にとどまることとなる。したがって、同じ橋本内閣でも、第一次橋本内閣と第二次橋本内閣では、その政権基盤が異なるので、ここでは橋本第一次内閣までを村山内閣と一緒に説明してゆくこととし、第二次橋本内閣以後は自民単独内閣又は自民中心の連立内閣としてまとめて説明したいと思う。

村山内閣は、第百三十臨時会においてその所信表明演説に対する代表質問の答弁で、自衛隊合憲、日米安全保障条約の堅持を表明し、社会党の政策転換を鮮明にしたが、続く第百三十一臨時会で平成九年四月一日から消費税を五%に引き上げる等の税制改革関連法や国民年金法等の一部改正を含む政府案二七件をすべて成立させた。

第百三十二通常会では、一月十七日に起こった阪神淡路大震災、三月二〇日の地下鉄サリン事件の対応に追われることになるが、これらに対する対策法律を含め、百二件の政府提出法律案は百%成立した。

また、第百三十四臨時会でも、所轄庁を都道府県知事から文部大臣に移し、質問権を認めること等を内容とする宗教法人法改正を含む十七法案を政府から提出し、十七件とも成立させている。

このように細川、羽田連立政権と異なり、絶対多数の与党をバックに提出された政府提出法律案がすべて成立したというのも珍しいことである。

◆村山内閣時代の議員立法

村山内閣時代の議員立法としては、次の点を説明しておこう。

第一は政治改革の締めくくり法律として、前述した連座制の強化策を内容とする公職選挙法の一部改正（平成六年法律百五号）が併合修正の結果成立し、政党交付金の交付を受ける政党等に対する法人格の付与に関する法律（平成六年法律百六号）も同様第百三十一臨時会で成立している点は前述したとおりである。

なお、これも前述した区割り法案といわれる公職選挙法の一部改正が政府提出法律として同じ国会で成立したことを付け加えておこう。

さらに、政治改革関連としては、第百三十四臨時会において衆議院議員選挙の投票方法を記号式から自書式に改める（記号式は一度も実施されなった）ことを内容とする公職選挙法の一部改正、政党交付金についてのいわゆる三分の二条項を撤廃する政党助成法の一部改正が成立しているが、これらは政治改革の一部手直し法律といえるであろう。

第二は、村山内閣時代の野党である新進党は、後の橋本行革に先駆けて省庁再編の設置法案を百三十二、百三十三、百三十四国会に提出しており、他に二、三件提出されているが、件数としては二〇件前後である。第百三十二通常会の地方分権の推進に関する法律案、介護休業等に関する法律案はともに政府案に対する対案であり、政府案を修正して成立している。

なお、市民公益活動を行う団体に対する法人格の付与等に関する法律案が、第百三十四国会に同じく新進党から提案されているが、これは後に特定非営利活動促進法（NPO法）として成立するその先駆をなす法律案である。

このように、野党法案は件数もそう多くもなく、内容的にも前述したように例外を除き先駆的行政改革に片寄っているのが特徴といえるであろう。

第三に、第百三十四臨時会では、衆議院では科学技術基本法が自民、新進、社会、さきがけ共同提案で、参議院では調査会長提案で高齢社会対策基本法といった基本法が議員立法で成立している点にふれておく。

◆第一次橋本内閣時代

次に第一次橋本内閣に移るが、平成八年一月二十二日からの第百三十六通常会では、住宅金融専門会社の不良債権処理のため六八五〇億円が予算に計上された点をめぐり、新進党の座り込み戦術によって紛糾したが、予算総則に「緊急安定化資金の六八五〇億円については、制度を整備した上で措置する」との項目を追加する修正を行って四月十一日漸く衆議院から参議院に送られる状況で、暫定予算を組むはめとなった。その後の金融対策として、兆の桁の予算が組まれたことを考えると隔世の感を禁じえない。

これに伴って特定住宅金融専門会社の債権債務の処理の促進等に関する特別措置法ほか四件の金融関係法律が政府から、特定住宅金融専門会社が有する債権の時効の停止等に関する特別措置法が衆議院から提出され、成立している。

議員立法としては、このほか国会等の移転に関する法律の一部改正など一六件が衆議院から提出され、うち一〇件が成立、歯科医師法の一部改正など五件が参議院から提出され、うち一件が成立しているが、その後の議員立法の増加に比し活発というわけではなかった。

◆「議員立法の活性化」についての提言

同じ百三十六通常会中の六月十四日、衆議院の土井議長、鯨岡副議長による「国会改革に関する私的研究会」は、「議員立法の活性化について」提言をまとめ、土井議長は同提言の検討を谷垣禎一議院運営委員長に要請した。この研究会に私も参加しているが、この提言はこれより先、平成六年六月三日、「国会改革への取組について」提言をまとめて同じく議長から検討を奥田敬和議院運営委員長に要請した中の一項目としての「立法機能の充実」を具体化して提言したものである。

これらの提言があったからというわけでもないと思うが、以後第百三十九国会から今日まで飛躍的に議員立法が質量ともに充実して来たことはわが国議会制度のあり方として一つの方向を示すものではないかと思う。

次に右の二つの提言を資料として掲げておこう。

国会改革への取組について

議会制民主政治にとっては、国民に信頼されることが、その基本であり、したがって、国民を代表する国会が、真に国民に開かれたものとなるよう自己改革を行って、国民の皆さんのより強固な信頼を得ることこそが政治改革の基軸であります。

そこで、私共は、就任早々、「国会改革に関する私的研究会」を設け、国会改革について議論を重ね、本日、その議論の経過を踏まえて、別紙の「国会改革への一つの提言」として取りまとめました。

議院運営委員会及び議会制度協議会において、この提言を一つの参考として、国会改革に取り組まれるようお願いいたします。

平成六年六月三日

衆議院議長　土井たか子
衆議院副議長　鯨岡兵輔

議院運営委員長　奥田敬和殿

国会改革への一つの提言

一　政治倫理の確立

国会が国民の代表機関として、国民の信頼を得るためには、不断に、実効性のある政治腐敗防止のための方策について検討を進めるとともに、万が一にも政治疑惑事件が生じた場合には、自らその積極的な解明に務めることが必要である。そのため、次の諸事項について検討すべきであると思われる。

1　政治倫理審査会を常任委員会（政治倫理委員会）とすること。

2　政治倫理委員会は、政治疑惑事件が生じた場合に当該事件の解明を行うことは勿論、事件の解明を通じて、事件発生の原因及び構造について究明し、その防止策を策定する組織とすること。

3　国政調査に基づき行われる政治疑惑事件の解明のための政府に対する資料要求その他の政府に対する資料要求については、政府の資料提出を確保する措置を講ずること。

4　「議院における証人の宣誓及び証言等に関する法律」に基づき行われる政治疑惑事件の解明のための証人喚問その他の証人喚問については、尋問中の撮影禁止規定（同法第五条の三）を見直すこと。

二　国会審議の活性化

国会がその権能を十分に発揮し、活発かつ実質的な議論を行い、国民の負託により一層応えることができるようにするため、次の諸事項について検討すべきであると思われる。

1　議長、副議長及び常任委員長からなる常任委員長会議を活用し、機動的かつ円滑な国会運営に資するための協議を定期的に行うこと。

2　本会議において趣旨説明が求められている議案の委員会への早期付託、各委員会の定例日の見直し（あるいは定例日にとらわれない審査の実施）等の方策を講ずること。

3　予算委員会その他の委員会につき、政策の実質的討議、適切な質疑時間の確保等、審査の実質化、計画化及び能率化を図るための措置を講ずること。

三　立法機能の充実

議院内閣制の下において、国会が国の唯一の立法機関としての機能を十分に発揮できるようにするため、前記二の諸事項の検討とあいまって、次の諸事項について検討すべきであると思われる。

1　議員立法の活性化に資するため、議員提出法案の提出手続きについて、これまでの慣行及び取扱いを簡素化すること。

2　議員提出法案（政府提出法案に対する修正案等を含む。）の作成及び提出並びにこれらに対する質疑等をより活発に行えるようにするため、起草小委員会の活用、自由討議時間の確保等、委員会運営の在り方を見直すこと。

3　立法補佐機構の一層の充実強化を図ること。

四　請願の取扱い

請願が憲法において保障された国民の権利であることにかんがみ、その審査をより実質的なものとするため、次の諸事項について検討すべきであると思われる。
1　委員会は、請願について、会期中に、その内容に応じて随時、審査するようにすること。そのため、各委員会において、「請願審査小委員会」を設置すること。
2　請願の審査結果について、請願者に報告する方途を講ずること。
3　採択された請願については、委員会において法制化の可否についての検討を早急に行う等、その内容の実現を図るための措置をより積極的に講ずること。

五　国会情報センターの設置

次の諸事項を行うための国会情報センター（仮称）について、その組織の在り方を含めて検討すべきであると思われる。
1　政府の情報その他の収集した情報を集中的に管理し、議員の要求に応じて提供する体制を整備すること。
2　国会が刊行する会議録、公報等の配布及び販売を行うこと。
3　会議録、法案、法令、審議会答申等の国会情報をデータ・ベース化して、国会議員の利用に供するとともに、広く国民に提供すること。
4　その他、本会議、委員会等の活動を広報すること。

議員立法の活性化について

議会は国民の自由及び権利を守るための代表機関であり、国民の意思は議会を通じて国政に反映されてきたのであって、その意味において、議会は、常に国民とともに歩んできたのである。

議会制民主主義は、まさに国民の信頼によって支えられているものであることに思いを致すとき、国民の代表機関である国会は、単に、内閣が行おうとする政策について国民の立場に立って審議するにとどまらず、民意を直接に反映する機関として、より積極的に自らの政策を提案し、決定するといった立法活動を通じて、国政における基本的かつ重要な政策の在り方と問題点について、国民の前に明らかにする権限と責務を有していると言うべきである。これこそが、「国権の最高機関」であり、「国の唯一の立法機関」としての国会に負託された本来的な責務であると考える。

このような観点から、議院内閣制の下における立法府と行政府とのあるべき調和と緊張関係を考えるとき、国会が、議員立法や内閣提出法律案に対する積極的な議員修正を通じて、その本来的な立法機関としての機能を十分に発揮し、その審議の過程を余すところなく国民の前に開かれたものとすることこそが、国民に「私たちの国会」として信頼される唯一の道であると確信する。

この提言は、このような議員立法の活性化を通じて、国会が、国民から負託された立法機関としての責務を十分に発揮するための諸方策の一つとして、提案するものである。議院運営委員会及び議会制度協議会において、これを一つの参考として、議員立法の活性化に取り組まれるようお願いする。

平成八年六月十四日

衆議院議長　土井たか子
衆議院副議長　鯨岡兵輔

議院運営委員長　谷垣禎一殿

議員立法の活性化に関する一つの提言

一　政策立案機能の充実・強化

「国の唯一の立法機関」としての国会の政策立案機能を充実・強化するため、次の諸事項について、検討すべきである。

1　各政党（会派）の政策補佐スタッフの充実・強化を図るため、公的助成金の使途を政策立案機能の充実・強化に関する分野に振り向けるよう制度を改善すること。

2　国会の立法補佐機構である議院法制局、常任委員会調査室及び国立国会図書館調査及び立法考査局の機能を質・量とも拡充すること。また、その枢要な役割を担う職について人材を行政府に依存することとならないよう計画的に人材育成を図るとともに、現に行政府からの出向者を当てている当該職については、計画的に速やかに国会職員を登用すること。

3　委員の一定数（例えば、委員の総数の四分の一）から、委員会の審議において行政府の有する情報の開示が不十分であり、かつ議員の行う審議又は法律案若しくは修正案の立案に関連する情報の開示が不可欠である旨の申出がなされたときは、委員会は原則として行政府に対し当該情報の開示を要求するものとするよう、法律上の措置を講ずること。

4　国会の委員会や立法補佐機構等が収集した国政上の重要な情報を集中管理し、議員の要請に応じて迅速に当該情報を提供するとともに、国会情報等を広く国民に提供するため、国会情報センターを設置すること。

二　議員立法を提案しやすくする環境の整備

民意を反映した議員立法をより提案しやすくする環境を整備するため、次の諸事項について、検討すべきである。

1　国会法第五十六条等を改正して、議員発議の場合に要求されている賛成者の員数要件を緩和すること（例えば、一〇人（予算を伴う法律案等については二〇人）とすること）。

2　現在行われている各会派の機関決定を議員立法の発議・提出の必要条件としないこと。

三　議員立法に関わる国会審議の活性化

国会が、議員立法を通じて、「議員対議員」「政党対政党」の活発な論議を行い、その政策を広く国民の前に問うことによって、より国民に信頼される「開かれた国会」とするため、次の諸事項について、検討すべきである。
1　議員立法が発議された場合においては、その趣旨を早期に全議員に周知するため、法案の趣旨及び内容を簡明に記載した「要旨」を全議員に配布すること。
2　議員立法については、特に、審議にかけることを遅延させたり、付託の引き延ばしが図られたりすることがないようにすること。また、特定の曜日等に一定の時間をかけて審議する慣例を確立する等、議員立法の審議時間を確保するための措置を講ずること。
3　委員会審査においては、議員立法・内閣提出法律案ともに、政府委員等の行政府の職員を入れずに議員同士の自由な討議による実質的な審査を実施する段階を設けること。
4　各政党（会派）の行っている党議拘束については、議案の内容に応じて緩和し又はかけないこととする、党議拘束をかける場合には審議が一定の段階（例えば採決の段階）に達してからにする等、各政党（会派）においてその在り方を見直すこと。

◆第二次橋本内閣時代以降

平成八年九月二十七日衆議院は解散されたが、総選挙後の第百三十八特別会で第二次橋本内閣が成立した。この内閣は社会党、新党さきがけが閣外協力という自民党単独政権として発足した。

しかし、第二次橋本内閣は、平成十年七月一日行われた第十八回参議院議員通常選挙における自民党の敗北の責任をとって退陣。第百四十三臨時会の七月三十日、小渕内閣が成立した。

小渕内閣は参議院における少数与党の結果野党である民主党提出の政府案に対する対案としての金融再生関連法案をのまざるを得ず、政府案の一部を修正案の内におりこんで成立させるという苦い経験もあり、さらに額賀防衛庁長官の問責決議が可決され、辞職に追い込まれたことから、翌平成十一年十月、自民、自由、公明の連立政権を発足させた。

しかし、この連立内閣も平成十二年四月、自由党が離脱、自由党の一部の連立維持に残った保守党との連立ということに変わるが、小渕首相はこの時倒れ、森内閣に引き継がれることになる。

森内閣は、自民、公明、保守三党の連立内閣であるが、平成十二年六月の衆議院解散をはさんで、第一次、第二次森内閣ともこの三党連立内閣は維持され、その後引き継いだ小泉内閣までこの連立が維持されてきたが、平成十五年十月の衆議院解散後の総選挙の結果保守党が惨敗、結局自民党に併合され、現在は自民、公明の連立内閣となっていることは周知のところである。

このように第二次橋本内閣以降は、一時期を除き、自民党を中心とする連立内閣が続いていることを政治背景として述べておく。

このような政治状況の下において、議員立法にも目立った変化が見られる。

◆議員立法の増加

その第一は議員立法の数が提出件数、成立件数ともに非常に増えたことである。第百三十九臨時会では臨時会としては比較的多い十八件が提出され、以後平成九年からは次の表を見ると非常に際だった形でそれ以前とは比較にならない程増えているのが解るであろう。

それは政権交代に向けての野党の議員立法が活発化したことも一因といえるが、何れにしても前述した土井、鯨岡正副議長による私的研究会の「議員立法の活性化」の提言が実を結びつつあるということで、日本の議会制度のあり方として喜ばしい傾向にあるといえる。

この提言に関し「どのような類型がイメージされているのか捕捉し難く、個々の論点は如何にもいちいち尤もであるにしても、全体として矛盾と混乱の固まりのようにすら見える」という批判があるが（新正幸「議員立法」ジュリスト一一七七号、八二頁、大山礼子「比較議会政治論」二四六頁）、わが国が議院内閣制をとりつつも国会法においてアメリカ議会の委員会中心主義を取り入れているその前提において、政府提出法律案と議員提出法律案のあり方としては前者がメインであることまで否定するつもりは全くない（議員立法を中心とすべしとする説も未だにあるが）。

しかし、国会改革が叫ばれる度に議員立法の活性化がお題目のように組上にのぼるのはそれはそれだけの理由があるからだと言えるであろう。それは議員の立法活動を通して、議会における審議が余りにもおざなりで、国会対策が優先してエスカレーター式に政府案の成立ばかりが優先する、この傾向に歯止めをかけるべく、内閣提出法案だけでなくそれぞれの政党の政策を議員立法としてまとめ、各党がお互いに公開の場で議論を戦わす、その場こそ国会のあり方としてふさわしいのではないか。

特に野党立法は政権交替が夢でなくなった今日の政治状勢では、政府案に対する対案を中心に益々重要性を帯びてくるのであって、お互いにはげしい議論を戦わす具体策として議員立法の重みは増して

政府立法及び議員立法の提出件数、成立件数及び修正件数⑥

（「継続」は前国会からの継続案件件数を示す
＊印は両院協議会成立を含む）

国会回次		召集日（平成年月日）	会期終了日（平成年月日）	会期（日）	閣法 提出 新規	閣法 提出 継続	閣法 成立	閣法 成立 うち修正	衆法 提出 新規	衆法 提出 継続	衆法 成立	衆法 成立 うち修正	参法 提出 新規	参法 提出 継続	参法 成立	参法 成立 うち修正	内閣
127	特別	5・8・5	5・8・28	24													細川・羽田内閣
128	臨時	5・9・17	6・1・29	135	20		17	＊7	11		4		6		3		細川・羽田内閣
129	通常	6・1・31	6・6・29	150	75	3	69	7	13	2	10		5		3		細川・羽田内閣
130	臨時	6・7・18	6・7・22	5		8				5							村山内閣
131	臨時	6・9・30	6・12・9	71	19	8	27	6	7	4	5	1	1				村山内閣
132	通常	7・1・20	7・6・18	150	102		102	3	20	4	9	1	6		2		村山内閣
133	臨時	7・8・4	7・8・8	5					13	1				1			村山内閣
134	臨時	7・9・29	7・12・15	78	17		17	1	22	1	6			1	1		村山内閣
135	臨時	8・1・11	8・1・13	3						13							第一次橋本内閣
136	通常	8・1・22	8・6・19	150	99		99	8	16	13	10		5		1		第一次橋本内閣
137	臨時	8・9・27	8・9・27（解散）	1					2	2				1			第一次橋本内閣
138	特別	8・11・7	8・11・12	6													第二次橋本内閣
139	臨時	8・11・29	8・12・18	20	12		9		18		1		2				第二次橋本内閣
140	通常	9・1・20	9・6・18	150	92	3	90	4	45	8	11	1	11		3		第二次橋本内閣
141	臨時	9・9・29	9・12・12	75	20	5	24	4	22	7	3	1	6	2	1		第二次橋本内閣
142	通常	10・1・12	10・6・18	158	117	1	98	2	44	9	10	3	6	4	1		第二次橋本内閣
143	臨時	10・7・30	10・10・16	79	10	20	17	8	20	32	15	7	10	1	2		小渕内閣
144	臨時	10・11・27	10・12・14	18	6	11	6		7	34	3		5				小渕内閣

145	通常	11・1・19	11・8・13	207	124	11	120	16	38	34	13	1	22				
146	臨時	11・10・29	11・12・15	48	74	15	80	4	19	18	6	1	7	2	2		
147	通常	12・1・20	12・6・2（解散）	135	97	9	97	12	35	23	18	2	20	2	2		
148	特別	12・7・4	12・7・6	3					3								森内閣
149	臨時	12・7・28	12・8・9	13					1	3			8				森内閣
150	臨時	12・9・21	12・12・1	72	21		20	7	25	3	11	5	17		1		森内閣
151	通常	13・1・31	13・6・29	150	99	1	93	20	64	6	18	1	22		1		森内閣
152	臨時	13・8・7	13・8・10	4		7				36							小泉内閣
153	臨時	13・9・27	13・12・7	72	28	7	33	10	29	36	12	2	11		1		小泉内閣
154	通常	14・1・21	14・7・31	192	104	2	88	8	47	44	15	2	22	2	1		小泉内閣
155	臨時	14・10・18	14・12・13	57	71	17	78	8	9	56	9	1	11	4			小泉内閣

くるものと思う。諸外国のモデル、特に大陸系議院内閣制をとる国をも参考とすべきは当然だが、前述のわが国独自の制度を前提に議員立法の活性化を望むことはそんなに矛盾をはらむものといえないと考えられる。

特に法案提出のための員数要件や会派の機関承認の慣行は、それはそれなりの理由があってのことではあるが、法案は国会に提出されても、公開の場で政党間における議論の結果最後には当否の判断に集約されればよいのであって、それを入口から狭めるのは立法権を掌る議員としては自ら有する権限を自ら制約するということにならないか。政党を中心とする議院内閣制の下においても、特に少数者の意思表明の場としても自由活発な議論を巻き起こすためにもこれらの制度は考慮の余地があるものと考える。

◆議員立法の質の変化

次に議員立法の内容の面から考えてみることにする。

1　国会関係法律

従来から議員立法の最初に取り上げられる国会関係の法律である。重なものとして、国会の行政監視機能の充実強化を図るため、第百四十一臨時会で決算委員会を改組して決算行政監視委員会を設置し、所管事項の拡充と予備的調査の新設等調査権限の強化を内容とする国会法等の一部改正（平成九年法律第百二十六号）、これに伴う衆議院規則の改正が成立している。これはアメリカの会計検査院（ＧＡＯ）をモデルにした行政監視院法案が先行して民主党から第百三十九臨時会、第百四十一臨時会に提出されていたが、与党三党プロジェクトチームのまとめた前述のような内容の法律として民主、共産（別に対案を提出）反対のまま委員長提出として成立したのである（参議院では決算委員会とは別に行政監視委員会を新設した）。

次に第百四十五通常会で成立した国会審議の活性化及び政治主導の政策決定システムの確立に関する法律（平成十一年法律第百十六号）を挙げておこう。その内容は、①政府委員制度の廃止である。この問題は諸外国の議会制度をみても選挙で選ばれた議員でない官僚が議会において主役のように重要

「政府委員」の
修正案で合意
与野党代表者協議

政府委員制度廃止・副大臣制導入に関する与野党各党の代表者協議会が十七日、国会内で開かれ、十八、十九両日に各野党との個別協議を行い、最終的に修正案をまとめることで合意した。与党としては、衆院に提出済みの与党案をたたき台に副大臣や政務官の数などについて調整、週内には成案を得る考えだ。

この日の協議会では、元衆院法制局長で憲法学者の上田章氏から、副大臣制導入で多くの国会議員が行政府に加わることが、三権分立の原則に反しないかなどについて意見を聞いた。上田氏は「日本では政府と議会の分離が緩やかであることから、議員が行政府に入ることで三権分立の原則が損なわれることはない」との見解を示した。

▲産経新聞　平成11年5月18日

な答弁に立つという意味でずっと前から問題とされていたのである（比較立法過程研究会代表深瀬忠一「議会における立法過程の比較法的研究」一九八〇年、三三四頁）。

「この問題は重要ですから政府委員に答弁させせます」と答えた大臣のような笑い草にされることがこれからはないよう、議員同士の討論形式にするため、これを廃止するかわりに、議院内閣制であるから、②認証官たる副大臣の設置、大臣（長官）政務官を新しく設置して議員の中から任命することとし（従来の政務次官は廃止）、これら議員同士の討議を中心として進むが、内閣法制局長官らの政府特別補佐人（議院承認）や行政運営の細目的、技術的事項の質疑についてだけは政府参考人を委員会議決で認めることとした。③国家基本政策委員会の設置である。いわゆる党首討論といわれるもので、イギリスのクエスチョンタイムを参考として取り入れられたが、テレビに映されるので、時間の短さからくる内容の薄さなどいろいろ問題点が指摘されている点はご存知のところである。

同じ第百四十五国会において、国会法の一部改正（平成十一年法律百十八号）により憲法調査会が衆参両院に設置されることとなった。

これは日本国憲法を「広範かつ総合的に調査し、議論しよう」というもので、鳩山内閣時代に設けられた憲法調査会が内閣に置かれ、構成員も国会議員、学職経験者で構成されていたのとは異なる。なお、明文はないが、この憲法調査会では議案提出権がないこと及び概ね五年程度を目途とすることの確認が議院運営委員会理事会で行われていることを付け加えておこう。

対談の相手であった坂本さんは衆議院法制局長退職後この憲法調査会事務局長という二度のお務めの途中倒れられたのであって、憲法調査会の動きについて話してもらうチャンスを失ったのはかえすがえすも残念である。

次に政治改革関係も議員立法として従来どおり成立している。先ず第百四十五国会では公職にある間に犯した収賄罪等の刑に処せられた者の被選挙権停止期間をさらに五年延長する等を内容とする公職選挙法の一部改正（平成十一年法律第百二十二号）、政治倫理の確立のための仮名による株取引等の禁止に関する法律（平成十一年法律第百二十六号）が、第百四十七国会では、衆議院の比例定数を二十人削減して総定数四百八十とする公職選挙法の一部改正（平成十二年法律一号）、衆議院議員の特別選挙の期日の統一、小選挙区選出議員を辞した者等の立候補制限等を内容とする公職選挙法の一部改正（平成十二年法律第六十二号）、衆参比例代表選出議員が当選後選挙で争った他の政党に移動することは有権者の意思に背くところから、これを禁止することを内容とする国会法及び公職選挙法の一部改正（平成十二年法律第六十三号）が、第百五十国会では、公職にある者等のあっせん行為による利得等の処罰に関する法律（平成十二年法律第百三十号）が、第百五十四国会では、秘書の範囲を拡げる同法の一部改正（平成十四年法律第九十一号）が成立している。

2　商法等基本的法律の制定

従来と異なり、商法等の六法全書に掲載される基本的な法律が議員立法として数多く成立しているところが目を引く。この点こそ議員立法の質の変化として特筆すべき点と考える。

先ず第百四十通常会では株式の消却の手続に関する商法の特例に関する法律（平成九年法律第五十五号）、商法の一部改正（平成九年法律第五十六号）が議員立法として成立しているが、これはいわゆるストックオプション制度を整備しようとするもので、議論の多いところであり、本来なら法制審議会の審議の上政府立法として提出されるのがこれら基本的な法律の従来のやり方であったが、経済界の要望をバックに審議会の議論を待っていると時宜を失するとして議員立法として提出され、成立したものである。法制審議会抜きの提出手続きに対して学者間からは異論があったが、同じ基本的な法律であっても商法は毎年のように急激な経済社会の動きに即した改正の必要性が要望されているのであり、議員立法こそ国民の代表者が提案するものであるから、審議会抜きでは民意が反映されないという議論は成り立たないと考えられる。

第百四十二通常会では、従来の配当可能利益の範囲内で自己株式を取得して消却できることとしている点に加え、資本準備金をもって自己株式を取得して消却できるようにすることを内容とする株式の消却の手続に関する商法の特例に関する法律の一部改正（平成十年法律第十一号）が、オウム真理教に対する債権者救済のためのオウム真理教に係る破産手続における国の債権に関する特例に関する法律（平成十年法律第四十五号）が成立している。

第百四十三臨時会は、拓銀、山一の破綻等金融不安をバックに金融国会といわれた国会であるが、この国会では件数表を見てもわかるように、内閣提出法案と議員提出法案と成立件数は互角であり、そのうち重要な金融機能の再生のための緊急措置法（平成十年法律第百三十二号）は政府提案の対案として民主党、平和・改革、自由党の野党が提出した法案であるが、政府案でなくこの野党案が修正されて成立するという非常に珍しい結果に終わったことは前にもふれたところである。これに伴い、金融再生委員会設置法等野党提出三法律が、さらに金融機能の早期健全化のための緊急措置に関する法律（平成十一年法律第百四十三号）ほか五件が与党自民党、別に委員長提出二件が提出されて成立するという議員立法が活発な国会であった。

これら金融制度を内容とする法律は、生きた現代社会に直ちに対応させようとする非常にむつかしい問題だけに、当事者たる後輩の諸君のご苦労たるや筆舌に尽くしがたいところがあったものと思われる。

この傾向はさらに続く。すなわち、第百四十六臨時会では、オウムのような無差別大量殺人行為に基づく損害賠償責任を負う法人が破産宣告を受けた場合、被害者救済を目的とする特定破産法人の破産財団に属すべき財産の回復に関する特別措置法（平成十一年法律第百四十八号）、支払不能に陥るおそれのある債務者等の経済再生に資するため、民事調停法の特例手続を定めた特定債務等の調整の促進のための特定調停に関する法律（平成十一年法律第百五十八号）が自民、公明、自由与党三党から提出され、成立している。

第百五十一通常会では、自己株式の取得及び保有制限の見直し、額面株式の制度の廃止等株式の単位の見直しを内容とする商法等の一部を改正する等の法律（平成十三年法律第七十九号）のほか、金融関係法律の改正を含めて計六件が自民、公明、保守与党三党から提出され、成立している。

第百五十三臨時会では、第百五十一国会以来継続審査となっていた取締役、監査役の責任のあり方を見直すことを内容とする商法及び株式会社の監査等に関する商法の特例に関する法律の一部改正（平成十三年法律第百四十九号）ほか一件が同じく自民、公明、保守与党三党から提出され成立している。

最後に忘れてならないのは、第百四十六臨時会で成立した良質な賃貸住宅等の供給の促進に関する特別措置法（平成十一年法律第百五十三号）である。この法律は題名からは想像しにくいが単的に言えば定期借家権を認めた法律である。すなわち、定期借地権は現行法で認められているが、定期借家権は民法学者の反対が強く、借地借家法の一部改正が議員立法として第百四十二国会に提出されたが成立しなかった。そこで反対の強い法務委員会でなく題名のように賃貸住宅の供給という住宅行政に重点を置く規定を設け、その一つとして定期借家権を設けるという苦肉の策のもとに建設委員会に付託され、ようやく成立したという曰く付きの法律である。

また、第百五十臨時会では、刑事処分できる年齢を十六歳から十四歳に引き下げる等少年事件の処分のあり方の見直し、少年審判に対する裁判合議制の導入、被害者に対する配慮の充実といった幅広い内容の少年法等の一部を改正する法律（平成十二年法律第百四十二号）が成立した。

このように、民事、刑事の基本的な法律を始め、今日的課題である金融関係法律が議員立法として制定されたということは、従来と違って議員立法が見直されてきた証左といえるのではないか。

3　臓器の移植に関する法律、特定非営利活動促進法その他の生活関連法律

対談中に昭和三十年頃の議員立法の類型を話したが（四〇頁参照）この時代になると、かつて議員立法の重要部分を占めていた、地域振興に関する法律、士（サムライ）法に代表される業界ギルドないし業界保護法的なものはほとんど影が薄くなった。そして市民生活に密着した内容の議員立法としてふさわしいものが多く成立している。例えば、第百四十通常会では臓器の移植に関する法律（平成九年法律第百四号）が、第百四十二通常会では特定非営利活動促進法（平成十年法律第七号）が成立している。

前者は人間の死をいかにとらえるかという法律論を超越した人生観から出発するむつかしい問題であり、党議拘束されず、金田議員ら新進、民主、社民の一部議員から提出された同一の題名の両案が議題に供され、この案を否決、先の中山議員ら自民、新進、民主、社民、さきがけの議員ら提出の法律が成立したものである。

後者は野党の新進党の河村議員らが第百三十四国会から市民公益活動を行う団体に対する法人格の付与等に関する法律案として提案していたが、第百四十通常会で熊代議員ら自民、社民、さきがけ提出の市民活動促進法案が衆議院を通過（野党法案は否決）、参議院で継続審査となり、題名を修正して第百四十二通常会で成立した。いわゆるＮＰＯ法といわれるもので最後まで「市民活動」の用語が問

題となり、「特定非営利活動」と参議院で修正の上やっと成立した。

第百四十六臨時会では、社会問題となった商工ローン問題を契機として、貸金業者に対する規制を強化するとともに、出資の受入、預り金及び金利等の取締りに関する法律、利息制限法も改正して高金利による弊害を除去するための貸金業の規制等に関する法律等の一部改正（平成十一年法律第百五十五号）が、動物特に犬、猫等のペットの遺棄、不適切な飼育には目に余るものがあるところから、動物販売業者、取扱業者も法律の対象とする動物の保護及び管理に関する法律の一部改正（題名を動物の愛護及び管理に関する法律と改称）（平成十一年法律第二百二十一号）も成立している。

第百四十七通常会では、児童虐待の防止等に関する法律（平成十二年法律第八十二号）が、参議院提出の議員立法としてストーカー行為等の規制等に関する法律（平成十二年法律第八十一号）が成立している。

第百五十臨時会では、たばこ等の販売禁止違反、酒類の販売または供与禁止違反に対する罰則の強化を内容とする未成年者喫煙禁止法及び未成年者飲酒禁止法の一部改正（平成十二年法律第百三十四号）が、マンション管理士の資格、管理業者の登録制度等を定めたマンションの管理の適正化の推進に関する法律（平成十二年法律第百四十九号）が成立し、第百五十三臨時会では、たばこ等の販売業者、酒類の販売または供与する者の二十歳未満の年齢の確認等を内容とする未成年者喫煙禁止法及び未成年者飲酒禁止法の再改正（平成十三年法律第百五十二号）が、子どもの読書活動の推進に関する法律（平成十三年法律第百五十四号）が成立している。

以上のように市民生活に直結した法律が非常に多く議員立法として成立していることは、今後の議員立法のあり方の一つの方向を示しているものとして注目すべきである。

さらに、第百五十四通常会で成立した牛海綿状脳症対策特別措置法（平成十四年法律第七十号）、身体障害者補助犬法（平成十四年法律第四十九号）も時宜を逸せず対応した議員立法の一つの典型例としてあげておこう。

また、国民輿論をバックに北朝鮮関係法律として、第百五十五臨時会では、北朝鮮当局によって拉致された被害者等の支援に関する法律（平成十四年法律第百四十三号）、第百五十九通常会では外国為替及び外国貿易法の一部改正（平成十六年法律第一号）と特定船舶の入港の禁止に関する特別措置法（平成十六年法律第百二十五号）が成立している。

最後に第百四十七通常会では、スポーツ振興投票の実施に関する法律外二件（いわゆるサッカーくじ法）（平成十年法律第六十三号）が久しく途絶えていたこの種の議員立法として各党合意の上成立したが、輿論を気にしてか参議院で継続審査となり、国会報告その他情報の公開、罰則の強化などの修正の上ようやく成立の運びとなった。

4　野党の議員立法

この時代の野党立法も、従来と同様に、①後に政府の対策を引き出す先行（先駆）的法律や、②政府提出ないし与党提出の法案に対抗して野党から提出する対案ないし対抗案としての法律案、③党の政策を表明する点を中心とする政策表明型法案に分けられる。

第一の型は第百三十三、第百三十四国会に新進党から提出された橋本行政改革に先駆けての国家行政組織法、内閣法その他各省設置法の一部改正がその例であり、第二の型は前述した第百四十三国会の金融関係法律をはじめ第百四十一国会の与党の決算行政監視委員会新設に対抗する民主党の行政監視院法案、共産党の行政監視院による行政監視の手続等に関する法律案、第百四十二国会成立の特定非営利活動促進法に対する新進党提出の市民公益活動を行う団体に対する法人格の付与等に関する法律案など数からいっても非常に多い（もっとも第一、第二双方にまたがる法律案もある）。第三の型としては、第百五十四通常会における自由党の安全保障基本法案、非常事態対処基本法案などに代表される党独自の政策を法律案の形で表明したもので、どちらかというと数は少なくなっている。

ここで最近目立つ特色として次の二つの点をあげておこう。

第一は基本法と名のつく法律が非常に多いということである。戦前にはこのような法律は見られないが、戦後間もなく教育基本法（昭和二十二年法律第二十五号）が制定されて以来、昭和三十年代には政府提出法律として農業基本法、災害対策基本法、中小企業基本法、林業基本法と基本法という名称の法律が次々と制定され（議員立法としては原子力基本法（昭和三十年法律第百八十六号）、観光基本法（昭和三十八年法律第百七号）などがある）、今日に至っているが、最近またこの傾向が議員立法にも顕著にみられるということである。

具体的には、第百四十二通常会では行政改革基本法案（民主）、行政評価基本法案（民主、平和、社民等）、第百四十六臨時会では少子化社会対策基本法案（自民、民主、公明、自由）、第百四十七通常会

では犯罪被害者基本法案（民主）、社会資本整備基本法案（民主）、第百五十一通常会で成立した特殊法人等改革基本法（平成十三年法律第五十八号）、同国会での公共事業基本法案（民主）、第百五十三臨時会で成立した文化芸術振興基本法（平成十三年法律第百四十八号）、第百五十四通常会で成立したエネルギー政策基本法（平成十四年法律第七十一号）、同国会での前述した自由党の安全保障基本法案、非常事態対処基本法案、さらに国民主導の国政の実現に関する基本法案、郵政事業改革基本法案、民主、社会共同の交通基本法案がある。

基本法の内容は、文字どおりその一分野の政策の重要な点を条文化したものであり、一般的に抽象的理念的規定が多く、その具体化は別に制定される法律によることになる。従って政権をとっていない野党としては、選挙の際の公約ないしマニフェストを法律案として国会の論議に載せるには行政執行の細部まで規定する必要のない基本法スタイルの法律案の形態はなじみ易いものといえ、与野党合意の上成立する基本法もあるが、野党提出の法案にこの傾向があることもうなずけるところである。

第二は前述した野党法案の第二類型としてあげた政府案ないし与党案に対する対案によくみられるところであるが、両法案をともに議題に供し、対比しつつ論議され、最後には野党案も採決して否決する例が特に重要法案について目につく。

前述した与党提出の特定非営利活動促進法は、第百四十国会で衆議院から参議院に送られる際に新進党の市民活動を行う団体に対する法人格の付与等に関する法律案、共産党の非営利団体に対する法人格の付与等に関する法律案の二つの対案をともに否決、第百四十二通常会では政府提出の中央省庁等改革基本法に対する民主党提出の行政改革基本法案を否決、第百四十五国会では内閣法の一部改正以下各省設置法に対する民主党提出の内閣法の一部改正他二件を否決、第百四十六臨時会では自民、公明、自由党提出の貸金業の規制等に関する法律等の一部を改正する法律に対する民主党、共産党提出の対案を否決、第百五十臨時会では自民、公明、保守提出の公職にある者等のあっせん行為による利得等の処罰に関する法律に対する野党共同提出の対案を否決、第百五十五臨時会では自民、公明、保守提出の有明海及び八代海を再生するための特別措置に関する法律（平成十四年法律第百二十号）に対する民主党提出の対案を否決している。

五十五年体制下においても野党の対案は多く提出されていたが、その一部が修正に取り入れられればよい方で、その殆んどは提案理由の機会も与えられず、与えられたとしてもその後審議されることはまれであり、いわんや採決されることなく会期終了とともに審議未了扱いされる法案が多かった。この点を考えると、与野党が一つの議題をめぐって議論をするという議会本来のあり方を示す手段として野党案がともに議題に供され、最後には採決されるという傾向は今後も続けられるべきであろうし、そのためにも議員立法が活性化されるべきは前述したところである。

人が伝授

21世紀を探す旅

衆議院法制局という衆院議員による立法を補佐する国会の機関がある。その法制局の出身者が中核となり、「市民法制局」という名の新機関をつくる準備が進んでいる。市民法制局が補佐するのは、名前の通り普通の市民だ。政治家や官僚だけに、政策づくりを任せてはおけない。市民にそんな思いとアイデアがあれば、立法のプロたちが、条例づくりのノウハウを伝授する。住民自身が条例をつくる時代。市民法制局が二十一世紀に向け提案する、市民参加の政治の新しい風が吹き始めた。

予想を上回る参加者が集まりスタートした総合介護条例ワークショップ。条例づくりの"助っ人"。市民法制局準備会の呼びかけ人は左から堀越栄子・日本女子大助教授、篠原一・東大名誉教授、坂本一洋・前衆院法制局長、上田章・元衆院法制局長、そして橘幸信・千葉大助教授＝東京・文京区の日本女子大で

市民のための法制局

黒子OBたち

五月八日午後。東京都文京区にある日本女子大の八五一番教室は、女子大とは縁遠い地方自治体の職員や議員、市民運動にかかわる市民ら八十三人でいっぱいとなった。

大学の講義を聴くためではない。ただ、講義と似ていないこともない。教室での集まりは、「総合介護条例（仮称）づくりワークショップ」の第一回会合で、主催者は「市民法制局準備会」。参加者は五回にわたる会合を通し、介護保険制度に関する条例をつくる試みにチャレンジする。

講師役も兼ねる準備会の呼び掛け人は、衆院法制局出身で千葉大法経学部助教授の橘幸信(四二)、元衆院法制局長の上田章(七三)、前衆院法制局長の坂本一洋(六五)、元衆院法制局第三部長の松本進(六七)、日本女子大家政経済学科助教授の堀越栄子(四七)、東大名誉教授の篠原一(七三)の六人。異分野の専門家によるジョイント事業だが、メンバー構成から主役は衆院法制局出身者であることが分かる。

契機はNPO

衆院法制局といっても、国民にはなじみが薄い。橘の言葉を借りれば、「衆院議員の依頼に応じ、その政策を法律に翻訳していく公正中立な機関」。いわば議員立法の黒子で、原則として国民と直接接触することはない。

東大法学部を卒業後、その衆院法制局に入局した橘が、市民法制局の仕掛け人だ。なぜなのか。

きっかけは、一九九八年三月に議員立法で成立した特定非営利活動促進法（NPO法）に深くかかわったことに行き着く。

この法律は議員と市民による「手作り法」といわれたが、橘も入局以来初めて、議員が連れてくる市民と議論。NPO法制定にかける情熱に打たれると同時に、自分たちの思いを法律にするノウハウが市民の側にはないことを痛感した。「法制局が蓄積していることをオープンにすれば……」。橘は、漠然とこんな思いに駆られた。

橘はその直後から、三年の予定で千葉大に出向。「地方の時代といわれながらも、かなりお寒い状況にある地方議員による条例づくりの実情」を体験した。条例は身近な問題を取り扱うだけに、法律以上に市民生活を左右する面がある。このままでいいのか。

「永田町にいない今なら、できる」。橘は今年になって、漠然としていた思いを市民法制局設立の趣意書にまとめ、走りだした。かつての上司、上田らはいち早く賛同した。市民運動に積極的にかかわっている政治学者の篠原も、橘の応援団に加わった。

地方自治法で保障されている住民の条例制定請求権だが、具体案となると素人には難しい。市民とは距離があった衆院法制局のノウハウがOBによって生かされることで、草の根運動も花ひらくかもしれない

では、どんな政策課題で市民法制局を立ち上げたら効果的か。立法のプロの橘だが、そのアイデアは持っていなかった。そんな時、知人の紹介で堀越と知り合った。

二〇〇〇年四月の介護保険法の実施に向け、地方自治体はいよいよ、必要な条例づくりに入る。厚生省は「ひな型」となる「条例準則案」をまとめたが、堀越は国からの「お仕着せ条例」に疑問を持ち、自分たちの手で対案をつくりたいと考えていた。

介護保険制度では、これまで地方自治体が提供してきた生活支援サービスでも、給付対象外にしているものがある。介護保険の実務的な条例をつくっても、そのまちの生活支援サービスの全体像、理念は必ずしも見えてこない。

「自分たちの暮らしのニーズに合ったサービスを地域につくり出したい」。この思いを、どうやって条例にしていくか。法律や条例というと、普通は難しい、七面倒くさい、という思いが先行する。それは堀越も同じだった。

橘から市民法制局の構想を聞いた堀越は、その場で協力を要請。橘は「それでいきましょう」と簡単に応じた。「これをやりたい、という政策のネタを持っている人にとって、条例づくりはコツはいるけど、難しい作業ではありません」。橘はそう確信している。

「アンチ官僚」

市民法制局は、総合介護条例づくり、という最初の「実

▲東京新聞平成11年5月17日

平成十一年五月、日本女子大の教室で地方自治体の職員や議員など九〇人をこえる人々がこのワークショップに集まった。中心となったのは橘幸信千葉大助教授（当時）、日本女子大堀越栄子助教授らであるが、篠原一東大名誉教授、坂本一洋前衆議院法制局長や私がバックアップの意味をこめて挨拶やら立案事務の体験談などを話した。五回にわたって集まりを重ね、最後に「総合介護条例のつくり方」（ぎょうせい）という小冊子にまとめたが、「法律づくりのノウハウを奥義にせず、自治体職員、議員をも含む広義の意味での市民に公開」（〇五・五・一七東京新聞）と各新聞も取り上げてくれた。

私の人生でも異色の体験であったが、今後もこういう動きは望ましい方向とはいえ、具体的な活動をするにはいろいろの隘路のあること、第一線で活動するにはいかにも体力のおとろえを感ずるなど貴重な体験をした人生の一齣であった。

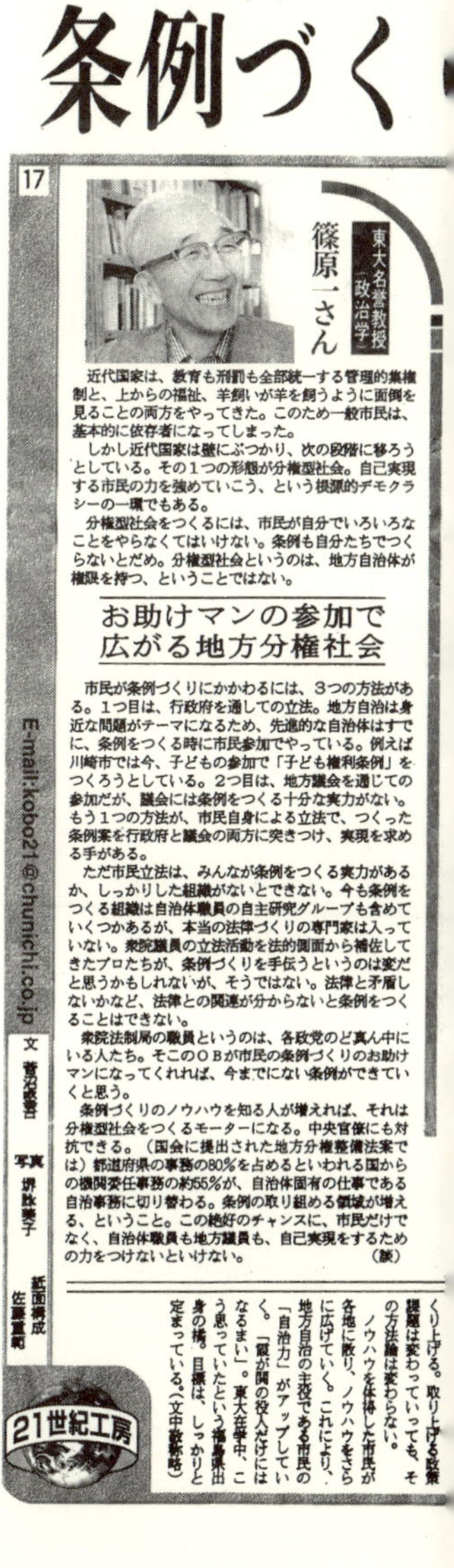
条例づく

17

東大名誉教授（政治学）
篠原一さん

近代国家は、教育も刑罰も全部統一する管理的集権制と、上からの福祉、羊飼いが羊を飼うように面倒を見ることの両方をやってきた。このため一般市民は、基本的に依存者になってしまった。

しかし近代国家は壁にぶつかり、次の段階に移ろうとしている。その１つの形態が分権型社会。自己実現する市民の力を強めていこう、という根源的デモクラシーの一環でもある。

分権型社会をつくるには、市民が自分でいろいろなことをやらなくてはいけない。条例も自分たちでつくらないとだめ。分権型社会というのは、地方自治体が権限を持つ、ということではない。

お助けマンの参加で
広がる地方分権社会

市民が条例づくりにかかわるには、３つの方法がある。１つ目は、行政府を通しての立法。地方自治は身近な問題がテーマになるため、先進的な自治体はすでに、条例をつくる時に市民参加でやっている。例えば川崎市では今、子どもの参加で「子ども権利条例」をつくろうとしている。２つ目は、地方議会を通じての参加だが、議会には条例をつくる十分な実力がない。もう１つの方法が、市民自身による立法で、つくった条例案を行政府と議会の両方に突きつけ、実現を求める手がある。

ただ市民立法は、みんなが条例をつくる実力があるか、しっかりした組織がないとできない。今も条例をつくる組織は自治体職員の自主研究グループも含めていくつかあるが、本当の法律づくりの専門家は入っていない。衆院議員の立法活動を法的側面から補佐してきたプロたちが、条例づくりを手伝うというのは変だと思うかもしれないが、そうではない。法律と矛盾しないかなど、法律との関連が分からないと条例をつくることはできない。

衆院法制局の職員というのは、各政党のど真ん中にいる人たち。そこのＯＢが市民の条例づくりのお助けマンになってくれれば、今までにない条例ができていくと思う。

条例づくりのノウハウを知る人が増えれば、それは分権型社会をつくるモーターになる。中央官僚にも対抗できる。（国会に提出された地方分権整備法案では）都道府県の事務の80%を占めるといわれる国からの機関委任事務の約55%が、自治体固有の仕事である自治事務に切り替わる。条例の取り組める領域が増える、ということ。この絶好のチャンスに、市民だけでなく、自治体職員も地方議員も、自己実現をするための力をつけないといけない。（談）

くり上げる。取り上げる政策課題は変わっていっても、その方法論は変わらない。

ノウハウを体得した市民が各地に散り、ノウハウをさらに広げていく。これにより、地方自治の主役である市民の「自治力」がアップしていく。

「霞が関の役人だけにはなるまい」。東大在学中、こう思っていたという福島県出身の橋。目標は、しっかりと定まっている。（文中敬称略）

E-mail:kobo21@chunichi.co.jp

21世紀工房

◆法律案に対する修正

議員立法の立案、法律関係の調査とともに議院法制局の三本柱のもう一つの職務として重要な法律案の修正についてここでまとめて述べておこう。

修正は内閣提出、衆、参議員提出の法律案を問わず委員会でも本会議でも提出できるが、多くは内閣提出の法律案に対してであり、本会議修正が議題になることは少なく、委員会での法案の討論に入るまでに提出されるのが例であり、原案と一括して討論に付され、原案より先に採決し、修正案が可決されると修正部分を除いた原案について採決される（衆議院委員会先例集九六、一〇一、一一四、一一七）。

◆修正件数

具体的な修正件数については表に掲げたとおりであり（六九頁〜七二頁、一一三頁〜一一五頁、一八〇頁、一八一頁）、昭和二十年代、三十年代に多く、その後件数としては落ち着いている。

昭和二十年代についていえば、例えば第五国会では内閣提出一九八件中六七件修正の上可決しているが、この六七件中二五件は参議院における修正である。同じく第七国会では一八七件中修正五三件、うち二六件が参議院修正、第十三国会では二四一件中修正九九件、うち六二件参議院修正というように、その後に比して参議院における修正が目立つ。これは当時の参議院の構成では緑風会が第一党であり、それぞれの分野の代表として当選してきた一騎当千の議員の活躍があったからであろうと思われる。

昭和三十年代にも修正件数の多い国会があるが、その時は内閣提出の件数も一五〇件をこえる場合であり、その後の制定法律の落ちつきを見せる時代と比率で考えるとそう違いはないものと思われる（この他に野党の議員立法と同様に否決されたもの、未提出のものが件数として同じ程度ある）。むしろ問題は件数よりも修正内容である。

◆修正内容

（1）事務的修正

第一は事務的修正であり、件数的にも非常に多い。国会の審議の遅れから予算関連法案が四月一日までに成立しない場合は、施行期日を当然「公布の日」に改める必要があるし、時には権利関係の条文を四月一日にさかのぼって適用させる必要がある場合もある。また、特定空港周辺航空機騒音対策特別措置法（昭和五十三年法律第二十六号）などのように継続審議の結果翌年成立したために公布年の修正をしたり、他の法律の施行に伴って事務整理のために修正が必要な場合がある。

（2）再検討条項等

第二は与野党対立の妥協として、努力規定（訓示規定）や、附則にいわゆる再検討条項（見直し規定）を設けたり、一部施行を遅らせたりする場合が多い。

例えば、エネルギーの使用の合理化に関する法律（昭和五十四年法律第四十九号）では、「金融上及び税制上の措置等に関する国の努力義務は、エネルギーの使用の合理化に関する措置にとどまらないものとすること、内外のエネルギー事情等の推移に応じ、この法律の内容に検討を加え、必要な措置を講ずるものとする」修正がされたり、労働保険の保険料の徴収等に関する法律及び雇用保険法の一部改正法（平成四年法律第八号）では、「政府は、この法律の施行後、今後の雇用動向等を勘案しつつ、雇用保険事業における諸給付のあり方、費用負担のあり方等について総合的に検討を加え、必要があると認めるときは、その結果に基づいて所要の措置を講ずるものとする」修正がされている。

また、国際連合平和維持活動等に対する協力に関する法律（平成四年法律第七十九号）では、参議院で自衛隊の部隊等が行う国連平和維持隊に係る一定の業務（いわゆるＰＫＦ）については、別に法律で定める日まで実施しない。更に、政府は、施行後三年を経過した場合において、本法律の実施状況に照らして、本法律の実施のあり方について見直しを行うものとする修正がされている。

（３）修正の分野別の分析

第三に修正の内容を分野別に見ると、五十五年体制下における自衛隊関係の法律は妥協の余地なく、例えば、防衛庁設置法及び自衛隊法の一部改正は修正されず、第八十四国会で成立した同法は昭和五〇、五一、五二年度の業務計画に基づく措置を内容とするもので、第七十八国会から提出されていた法案がようやく第八十四国会に昭和五十二年法律第九十七号として成立したものであり、いかに成立は野党の抵抗にあって遅れても内容の修正はない。自衛隊に対する国民の意識の違いを感じさせる。

また、法務関係や税法関係も比較的修正は少ないが、最近前述した基本的法律も議員立法として制定される傾向にあるのと呼応して、問題となった民事訴訟法（平成八年法律第百九号）制定の際の修正にふれておこう。

原案は「公務員の職務上の秘密に関する文書でその提出について当該諸官庁が承認をしないもの」は文書提出義務がなく、その承認は「公共の利益を害し、又は公務の遂行に著しい支障を生ずる場合を除き、拒むことができない」となっていたが、その判断は行政の裁量にゆだねられ、司法審査が及ばないことになっている。さらに情報公開に対する国民の要請、裁判所の審理促進に不可欠な証拠文書の拡大というこの法律の趣旨を踏まえ、情報公開制度に関する検討と並行して総合的な検討の必要がある。

そこで文書提出命令に関する規定について、「文書（公務員又は公務員であった者がその職務に関し保管し、又は所持する文書を除く。）」と修正し、これに伴う規定の整備をした上、附則でこの点に関する総合的検討を加え、公布後二年を目途として必要な措置を講ずる旨の修正をして成立した。

なお、第百五十一通常会において、民事訴訟法の一部改正（平成十三年法律第九十六号）により、政府提出法律としてその解決が図られた。

私の経験した大修正のうえ成立した国民健康保険法（八一頁）や政府案を題名から本則を全部修正のうえ成立したいわゆる沖縄地籍法（一二七頁）については、それぞれの対談の所を参照してもらいたいが、分野別に見て重要なのは、当時の野党であった社会党を中心に、その選挙地盤からいっても政府案に強い抵抗を示し、絶えず修正が問題となったのは厚生、労働、中小企業関係の法律である。

具体的には、先ず健康保険法の改正があげられる。第二十六国会に成立した改正法（昭和三十二年法律第四十二号）は、第二十二、二十四国会で審査未了、第二十五国会継続の上修正してようやく成立した（社会党は対案提出）。第五十六臨時会は健保国会と呼ばれ、健康保険法及び船員保険法の臨時特例に関する法律（昭和四十二年法律第百四十号）が前国会審査未了、再提出されたが、衆参とも審議混乱のうちに修正議決された。

第六十一通常会では、この特例法の一部改正案が提出されたが、題名から特例法をやめて健康保険法及び船員保険法の一部改正（昭和四十四年法律第六十九号）とし、衆議院でも混乱のうちに修正議決、参議院では中間報告を求める動議の提出等対立のはげしい法律であった。

その後も第七十一特別会で同法の改正（昭和四十八年法律第八十九号）が行われたが、同じ国会では厚生年金保険法等の一部改正（昭和四十八年法律第九十二号）も修正議決され、次第に年金関係も問題となってくる。第七十七通常会も両方の法律の改正をした例である。

健康保険法等の一部改正法はその後も制定されているが、第九十六通常会で老人保健法（昭和五十七年法律第八十号）が衆参とも修正のうえ新しく制定されてから、第百七臨時会、第百二十一臨時会、第百二十九通常会、第百四十通常会のようにこの法律がらみで保険制度の改正がされるようになり、その度ごとに修正議決されている。

また、前述したように次第に年金関係が問題となり、第百二通常会、第百十六臨時会、第百三十一臨時会では国民年金法等の一部改正が修正議決されており、平成十六年の参議院選挙では、前国会の年金改正、今後の年金制度のあり方が争点の一つとして戦われたことは周知のところである。

労働関係では、第二十八通常会での職業訓練法（昭和三十三年法律第百三十三号）、第五十一通常会での雇用対策法（昭和四十一年法律第百三十二号）、第六十三特別会での家内労働法（昭和四十五年法律第六十号）、第六十五通常会での中高年齢者等の雇用の促進に関する特別措置法（昭和四十六年法律第六十八号）、第六十八通常会での労働安全衛生法（昭和四十七年法律第五十七号）、第七十四通常会での雇用保険法（昭和四十九年法律第百十七号）、第百九臨時会での労働基準法の一部改正（昭和六十二年法律第九十九号）などが制定されたときには、野党の意見を一部取り込んで修正議決されている。

中小企業関係では、第三十一通常会での中小企業退職金共済法（昭和三十四年法律第百六十号）、第四十八通常会での小規模企業共済法（昭和四十年法律第百二号）、第八十通常会での中小企業者の事業活動の機会の確保のための大企業者の事業活動の調整に関する法律（昭和五十二年法律第七十四号）などは制定当時与野党で共同修正している。

その他公害国会と呼ばれた第六十四臨時会では、大気汚染防止法の一部改正（昭和四十五年法律第百三十四号）、海洋汚染防止法（昭和四十五年法律第百三十六号）、廃棄物の処理及び清掃に関する法律（昭和四十五年法律第百三十七号）、水質汚濁防止法（昭和四十五年法律第百三十八号）などが修正議決されているし、第五十八国会では都市計画法（昭和四十三年法律第百号）が六点ばかり自民、社会、民社、公明各党により修正議決されている。

◆修正における立法技術と委任立法の議会統制

次に第三十九国会で制定された災害対策基本法（昭和三十六年法律第二百二十三号）では、第八章災害緊急事態の規定は次国会の検討に待ち、章名のみ残して全文削除（通常の立法例では新法は削除をして残さず、後の条文を整理する。なお一部改正法の修正は立法技術上複雑となる。）という珍しい修正の立法例がみられ（この点は前述『立法生活三十二年』一四四頁参照）、法律論としては、委任立法の議会統制というわが国の立法例としては数少ないうちの次の二つが修正で設けられた。

（1） 第百臨時会における行政改革の一つとして国家行政組織法の改正では、従来法律事項とされていた各省の官房、局及び部の設置並びに所掌事務については、政令事項とされたが、そのかわりに組織の新設、改廃の状況を次の国会に報告することを義務づけた。

（2） 第百一特別会における健康保険法等の一部改正附則第四条では、負担金アップの激変緩和のため、昭和六十一年四月一日以後の日で厚生大臣の告示する日までは一割負担の現状のままとし、この告示日を厚生大臣が定めるに当たっては、あらかじめ国会の承認を必要とする修正条文を設けた。

◆橋本内閣以降の修正の動向

第二次橋本内閣時代以降の議員立法の活性化に向けての変化については前述した。これに対応して与野党間で実質的討議が行われた結果として事務的、軽微な修正でなく、数量から見れば少ないが、実質的修正が行われる場合が多くなった。

第百四十一臨時会で成立した介護保険法（平成九年法律第百二十三号）は従来の保険関係法律と同様に衆参両院で修正議決されているし、第百四十三臨時会では日本国有鉄道清算事業団の債務等の処理に関する法律（平成十年法律第百三十六号）が自民、社民・市民連合、自由党の共同修正により、感染症の予防及び感染症の患者に対する医療に関する法律（平成十年法律第百十四号）が衆参両院で各党の共同修正により、第百四十五通常会では周辺事態に際してわが国の平和及び安全を確保するための措置に関する法律（平成十一年法律第六十号）、組織的な犯罪の処罰及び犯罪収益の規制等に関する法律（平成十一年法律第百三十六号）及び犯罪捜査のための通信傍受に関する法律（平成十一年法律第百三十七号）が自民、公明、自由党の共同修正により成立している。

第百四十七通常会では国民年金法の一部改正（平成十二年法律第十八号）が、第百五十三臨時会では平成十三年九月十一日のアメリカ合衆国において発生したテロリストによる攻撃等に対応して行われる国際連合憲章の目的達成のための諸外国の活動に対して我が国が実施する措置及び関連する国際連合決議等に基づく人道的措置に関する特別措置法（平成十三年法律第百十三号）が、第百五十四通常会では日本郵政公社法（平成十四年法律第九十七号）が、第百五十六通常会では武力攻撃事態等における我が国の平和と独立並びに国及び国民の安全の確保に関する法律（平成十五年法律第七十九号）、解雇問題を中心とする労働基準法の一部改正（平成十五年法律第百四号）などの重要法案については実質的な内容の修正がされている。

なお、政府案の修正のほか、議員立法として成立した前述の特定非営利活動促進法、金融機能の再生のための緊急措置法、良質な賃貸住宅等の供給の促進に関する特別措置法は、第百五十四国会で成立したエネルギー政策基本法（平成十四年法律第七十一号）とともに修正議決されている点をつけ加えておこう。

最後に修正案作成に当たる議院法制局の立場から説明をつけ加えておきたい。修正案作成は内閣法制局はタッチすることなく議院法制局だけが当たる職務である。そして修正案が与野党対決の場における妥協の産物であるので（附帯決議と異なり法的拘束力のあることはいうまでもない）、その内容は一字一句が政治的妥協の意味を持ちつつ法的効果をもたらすものであるから、修正案作成にあたっては非常に神経を使うところである。しかも修正案が与野党でまとまるのは採決前のぎりぎりの時であり、法律的内容の精査は時間との競争になる。

法律案の作成は原案を何度もスクリーンし、時間をかけるのが完璧な法律案作成の原点であるが、修正案は前述のようにそれとは程遠い条件のもとに法律的に正確な条文を作成しなければならないのであり、経験した者の宿命としてそのきびしい条件の下において、最善を尽くして立案に望んでいることを書き残しておきたい。

なお、五十五年体制の崩壊と連立政権時代の議員立法の部分については、谷勝宏著『議員立法の実証的研究』（信山社、二〇〇三年）を大変参考にさせていただいた。特に政策類型や機能からの分析は一つの立場からの考え方として自分の頭を整理するのに大変役立たせていただいたし、「実証的研究」という題名どおり豊富な資料を駆使してまとめておられる点で、政治的背景を含めて同時代を関心をもって過ごしてきた筆者としては同感の意を深くしつつ読ませていただいた点が多々あったことをお礼の心をこめてここに記しておきたいと思う。

ふるさと

古都との対話

上田《うえだ》章《あきら》

忘れもしない昭和二十年三月二十二日、それとそことばどおり両親と水杯をかわし、リュックサックに母親心づくしの焼き米や身のまわりの品をつめて、京都駅から満員の東京行き夜行列車に乗った。京都に生まれ、京都に育った私が初めて京都の地を離れ、東京で大学生活を送るためである。実り多かるべき三高の三年の生活も、二年に短縮され、特に文科系の学生は徴兵猶予もなく、戦争にかりたてられるという時代であった。しかも東京は三月十九日の大空襲の後とて、東京から地方に疎開する人こそあれ、すきこのんで空襲のはげしい東京に住もうという人などいるはずはなかった。「京都にも立派な大学はあるのになぜ東大へ行くの」母はさびしそうな顔をして聞いた。その時、私はなんと答えたか覚えていない。そしていま考えてもなぜ東大を志望したかわからない。しかし、東大を志望したことは私のその後の生活をいつの間にか規定づけてしまった感じがする。というのは、その後入隊、終戦、復学、就職というようにいろいろのことはあったが、結局そのまま東京に生活の本拠をかまえることになり、いつの間にか京都の生活よりも東京の生活の方が長くなってしまったからである。

ということで私が東京に住むことになったのはごたぶんにもれず偶然というよりほかはない。そして東京に住んでいる多くの人がそうであるように、東京を愛し、東京をいとしく思う感情もわいてこないが、京都については故郷ということだけではなく、一種独特の情感がこみあげてくるのを禁じえない。このところ年に一度ぐらいしか帰ることもないが、新幹線で三時間たらずとスピードアップされた今日でも、東山トンネルをすぎて鴨川を渡るとちょうど初恋の人に再会したときのようにキュウと胸のしめつけられる思いがする。

二、三年前のことになるが、中学と小学校に通っている娘をつれて銀閣寺をふりだしに疏水にそって南下、平安神宮、知恩院、円山公園から清水寺と東山をずっと歩き、久し振りに京都の味を満喫した。築地のそこかしこが荒れたままの趣など京都ならではみられない情景と私ひとり心をなごませたことであった。ところが、最近娘たちが社会で京都のことを学んでいるので、「あそこはあのとき行ったじゃないか」といっても、「うんそうね」でかたづけられてしまい、「ザ・タイガースのメンバーは京都のあそこに家があるから、パパもう一度京都へ行きましょう」とくる。あきれてものがいえないというのはこのことをいうのだろう。京都の市電の車掌さんがお年寄りをいたわりながら「どこまでいかはります」「ここでおりるんどっせ」と体をかかえるようにおろしているようすに京都らしさを覚える私には、今の若い子供たちとの間の断層を今更のようにまざまざとみせつけられ、なげかわしくも思い、また、自分では若いつもりでもいつの間にか年をとったものとつくづく考えさせられる。

京都は私の、いな日本人の心のふるさとであり、京都にはぐくまれた私は、その恵まれた環境の中に青春を送ったことに感謝している。しかし、まだ若い私は、率直にいっていま京都に住みたいとは思わない。「ふるさとは遠くにありて思うもの」というだけでなく、若い者にとって京都が何か魅力に欠けるものがあるからではないかとも思うが、それが何であるかは私にはわからない。そして子供も大きくなり、老夫婦二人になったとき、再び京都で余生を送りたい。これがいつわらざる今日の心境である。

略歴　大正十五年京都市生まれ。昭和十八年京一中卒。昭和二十年三高卒。昭和二十三年東大法学部卒。同年衆議院事務局に勤務。昭和三十二年五月第二部第二課長、昭和三十七年第三部第一課長に就任、現在に至る。東京在住。

▲京都新聞昭和43年４月18日

コメント

四十二歳の若かりし頃、出身地である京都の地方紙京都新聞の依頼をうけて書いたものである。

最後に書いたように「再び京都で余生を送りたい」という当時のいつわらざる心境も今日に至るまで実現していない。夏は暑く、冬は寒い京都は、やはり老人にとっては定住するところでなく、時々訪れて昔をなつかしむ（友人も自然も）のがよいのかも知れない。

おわりに

振り返ってみると衆議院法制局在職四十二年、その後白鷗大学で憲法の講義をしたのが五年と結局一生法律から縁を離れることはなかった。弁護士登録もしたが、相談業務が中心で具体的事件は取り扱わなかった。

ということで、本書は私の人生の中で一番長かった衆議院法制局における議員立法の立案を中心に経験をまじえて資料にあたりながらまとめてみたところである。

ところで、衆議院法制局は衆議院に置かれた法制局であり、同じ法制局といっても内閣法制局とはその職務の内容が相当異なるのである。内閣法制局は「法律案、政令案及び条約案を審査し、これに意見を附し、及び所要の修正を加えて内閣に上申すること」「法律問題に関し内閣並びに内閣総理大臣及び各省大臣に対し意見を述べること」を中心に具体的に権限が規定されている（内閣法制局設置法三条）。これに対し議院法制局は国会法第百三十一条に「議員の法制に関する立案に資するため、各議院に法制局を置く」と規定されこれを受けて議院法制局法に具体的な組織が規定されているだけである。

その違いを具体的にいえば、前者は内閣提出の法律案について、各省庁で作成したドラフトを合憲性の審査、他の法令等の整合性などの審査が中心であるのに対し、後者は議員の依頼に応じてドラフトの作成からスタートしなければならない。そのためには依頼議員との間で要綱をまとめていく上で徹底した議論をつめなければならない。法制局サイドでは合憲性をはじめ、判例、外国の立法例との関係、他の法律との整合性などあらゆる法律的角度から検討を加えることになるが、この間えてして依頼議員の要請とぶつかる法律問題の存在があるケースが出てくる。特に野党立法は現制度を打破するための政策提案が多いから現行法との整合性が問題となるのは当然である。「議員立法の関所」などといわれる由縁もここにある。しかし、その政策が致命的な法律上の欠陥がない限り、依頼議員の要請にそって立案すべきは当然であり、政策目的達成のため他の代案の検討を含めてこれに対応すべきである。いやしくも国民の代表者として立法権限をもっている議員の要望には少しばかりの法制上の問題があったとしてもこれに応えるべきであると思うが、さればといって法制上の重大な問題があることを知りながら易々諾々とこれに応ずるのは「立法の補佐機関」とはいえないであろう。この点の兼ね合いが議院法制局の立場として非常にむつかしいところであり議院法制局だけの宿命的課題といえるであろう。

さらに今後議院法制局に重大な課題となるのは憲法改正の問題である。対談の聞き手をつとめてくれた坂本元法制局長がその後事務局長の職にあった衆議院憲法調査会は、委員会と異なり、案件が付託され、その審査結果を本会議に報告するというものでなく、「日本国憲法について広範かつ綜合的に調査を行う」（国会法第百二条の六）だけで議案提出権がないことが調査会設置の時の申し合わせとして確認されている。そして「調査期間は概ね五年程度を目途とする」と同じくこれも申し合わせの一項目となっているから、平成十二年一月設置されてから平成十七年の一月で五年を迎えることになる。

そこで今後は憲法改正案を審議するための委員会を設置しようとする動きがある（平成一六・六・一〇　憲法調査会議録第八号一頁　自民党保岡委員発言）。

ということでこの委員会の事務局的な仕事はいきおい議院法制局が中心とならなければならないであろう。その覚悟はしておく必要があると思われる。

今後議員立法も活性化される方向にある上にさらに憲法改正という重大な職務も分担できるということは大変光栄なことであって、後輩の諸君の奮闘を願うや切なるものがある。

索　引

あ　行

浅沼稲次郎 ……………………………29
足立篤郎……………………………130
有馬元治……………………………146
医学及び歯学の教育のための献
　体に関する法律………………145
池田内閣 ……………………………84
違憲裁判手続法案 ………………51
石井好子……………………………114
稲正樹………………………………120
医薬分業の法律 …………………56
イラクにおける人道復興支援活
　動及び安全確保支援活動の実
　施に関する特別措置法………153
入江俊郎 …………………17, 34, 53
上田哲 ………………………………39
鵜飼信成 ……………………………43
エネルギー政策基本法…………192
オウム真理教に対する債権者救
　済のためのオウム真理教に係
　る破産手続きにおける国の債
　権に関する特例に関する法律 185
大石眞………………………………119
大出俊………………………………114
大阪湾臨海地域開発整備法……156
大鷹淑子……………………………114
大平内閣……………………………135
沖縄住民の国政参加特別措置法 98
沖縄県の区域内における位置境界
　不明地域内の土地の位置境界の
　明確化等に関する特別措置法 127
小野清一郎 …………………………53
小野善康……………………………121

か　行

外国為替及び外国貿易法の一部
　改正（平成十六年法律第一号）
　……………………………………190
介護保険法…………………………203
会社臨時特別税法………………110
会派の機関承認 …………………39
海部・宮沢内閣時代の議員立法 155
火炎びんの使用等の処罰に関す
　る法律 ……………………………93
角膜及び腎臓の移植に関する法
　律…………………………………136
角膜の移植に関する法律 ………77
貸金業の規制に関する法律……144
過疎地域活性化特別措置法……156
過疎地域振興特別措置法………136
過疎地域対策緊急措置法 ………93
家内労働法…………………………201
兼子一 ………………………………53
株式の消却の手続きに関する商
　法の特例に関する法律………185
賀屋興宣……………………………108
川口頼好 ………………44, 108, 119
川人貞史 ……………………………40
関越自動車道建設法…………85, 89
環境衛生関係営業の運営の適正
　化に関する法律 ………………85

観光基本法……………………85, 88
関西文化学術研究都市建設法…145
議院における証人の宣誓及び証
　言等に関する法律…………20, 41
議院における証人の宣誓及び証
　言等に関する法律の改正……147
議員立法の活性化について……174
「議員立法の活性化」について
　の提言…………………………169
岸信介 ……………………………76
岸内閣 ……………………………77
北朝鮮当局によって拉致された
　被害者等の支援に関する法律190
義務教育諸学校等の女子教職員
　及び医療施設、社会福祉施設
　等の看護婦、保母等の育児休
　業に関する法律………………117
牛海綿状脳症対策特別措置法…190
行政改革推進審議会設置法……138
近畿圏整備法 ……………………93
金融機能の再生のための緊急措
　置法……………………………186
金融機能の早期健全化のための
　緊急措置に関する法律………186
警察官職務執行法の一部改正 …77
激甚災害に対処するための特別
　措置法 …………………………41
原子力基本法 ……………………74
憲法調査会法 ……………………74
行為規範…………………………140
公害対策基本法の一部改正……105
公害防止事業費事業者負担法…105
公共企業体労働関係法 …………45
工業整備特別地域整備促進法 …86
公衆浴場法………………………117
公職選挙法 ………………27, 154
公職選挙法の一部改正……143, 164
公職選挙法の改正…………125, 159
公職選挙法の大改正……………138
公職にある者等のあっせん行為
　による利得等の処罰に関する
　法律……………………………184
豪雪地帯対策特別措置法 ………92
皇太子明仁親王の結婚の儀の行
　われる日を休日とする法律 …80
小売商業調整特別措置法………117
国際連合平和維持活動等に対す
　る協力に関する法律（ＰＫＯ法）
　…………………………………152
国土開発縦貫自動車道建設法 …82
国土総合開発法…………………109
国土利用計画法…………………109
国民の祝日に関する法律の一部
　改正……………………………113
国民健康保険法 …………………81
国民投票法 ………………………29
国民年金法 ………………………82
国立又は公立の大学における外
　国人教員の任用等に関する特
　別措置法………………………137
国家行政組織法の改正…………138
国会の審議権の確保のための秩
　序保持に関する法律案 ………87
国会議事堂等周辺地域及び外国
　公館等周辺地域の静穏の保持
　に関する法律…………………149
国会等の移転に関する法律……156
国会改革への取組について……170
国会改革への一つの提言………170
国会情報センター………………173

国会審議の活性化及び政治主導の政策決定システムの確立に関する法律（平成十一年法律第百十六号）……182
国会法の改正……38
国会法等の一部改正（平成九年法律第百二十六号）……182
国会法の一部改正（平成十一年法律百十八号）……183
古都保存法……26
子どもの読書活動の推進に関する法律……189
小林武……165
雇用対策法……201
雇用保険法……201
ゴルフ場等に係る会員契約の適正化に関する法律……156

さ　行

最高裁判所裁判官国民審査法……19
裁判官弾劾法……20, 41
笹田栄司……54
佐藤功……43, 165
真田内閣法制局長官……129
鮫島眞男……14, 33, 52, 59
サラ金二法……144
山村振興法……90, 93
児童虐待の防止等に関する法律189
司法書士法……47
衆議院議員選挙区画定審議会設置法……160
衆議院議員の定数是正……141
住居表示に関する法律の改正……96
修正件数……196
修正内容……197
修正における立法技術と委任立法の議会統制……202
修正の分野別の分析……198
周辺事態に際してわが国の平和及び安全を確保するための措置に関する法律……203
出資の受入れ、預り金及び金利等の取締まりに関する法律の一部改正……144
首都建設法……25
商店街振興組合法……85
少年法等の一部を改正する法律（平成十二年法律第百四二号）187
消費者保護基本法……105
消費税法関係……151
商法及び株式会社の監査等に関する商法の特例に関する法律の一部改正（平成十三年法律第百四九号）……187
商法等の一部を改正する等の法律（平成十三年法律第七九号）……187
商法の一部改正（平成九年法律第五六号）……185
昭和五十一年度分所得税の特別減税のための臨時措置法……127
昭和五十二年度分所得税の特別減税のための臨時措置法……127
職業訓練法……201
私立学校振興助成法……117
深海底鉱業暫定措置法……137
新産業都市建設促進法……86
身体障害者補助犬法……190
新東京国際空港の安全確保に関する緊急措置法……129

森林法 ……………………………33
水質汚濁防止法…………………105
鈴木内閣…………………………136
ストーカー行為等の規制等に関する法律……………………189
スポーツ振興法 …………………89
スポーツ振興投票の実施に関する法律…………………………190
政治改革…………………………153
政治改革四法律の成立とその内容……………………………159
政治資金規正法 …………………21
政治資金規正法の改正…………160
政治暴力行為防止法案 …………87
政治倫理綱領……………………140
政治倫理審査会…………………140
政治倫理の確立のための国会議員の資産等の公開等に関する法律……………………140, 154
政治倫理の確立のための仮名による株取引等の禁止に関する法律……………………141, 184
政党交付金の交付を受ける政党等に対する法人格の付与に関する法律……………………165
政党助成法………………………160
政府依頼立法 ……………………32
税理士法 …………………………47
政治資金規正法の改正……125, 154
臓器移植に関する法律 …………43
臓器の移植に関する法律………188

た　行

第一次橋本内閣時代……………168
大学の運営に関する臨時措置法 63
第二次橋本内閣時代以降………177
台湾住民である戦没者の遺族等に対する弔慰金等に関する法律………………………………146
高辻内閣法制局長官……………128
宅地建物取引業法の改正 ………90
竹下内閣…………………………147
田中耕太郎 ………………………53
田中内閣…………………………108
たばこ産業株式会社法…………139
たばこ事業法……………………139
団藤重光 …………………………96
地方公共団体の議会の解散に関する特例法 ……………………94
地方自治特別法 …………………24
中小企業基本法 …………………84
中小企業退職金共済法…………201
中部圏開発整備法 ………………93
定期借家権………………………187
電源開発促進法 …………………42
東海道幹線自動車国道建設法 …83
東海北陸自動車道建設法 ………89
動物の愛護及び管理に関する法律………………………………189
動物の保護及び管理に関する法律………………………………113
道路法 ……………………………33
特殊法人等改革基本法…………192
特定弔慰金等の支給の実施に関する法律……………………146
特定債務等の調整の促進のための特定調停に関する法律……186
特定住宅金融専門会社の債権債務の処理の促進等に関する特別措置法……………………168

特定船舶の入港の禁止に関する特別措置法……………………190
特定破産法人の破産財団に属すべき財産の回復に関する特別措置法……………………186
特定非営利活動促進法 ……43, 188
都市の美観風致を維持するための樹木の保存に関する法律 …91

な　行

長崎国際文化都市建設法 ………23
中曾根康弘 ……………………76
中曽根内閣時代…………………138
中山太郎 ………………………78
中山マサ ………………………78
日本国有鉄道経営再建促進特別措置法……………………136
日本国有鉄道改革法……………139
日本電信電話株式会社法………139
日本郵政公社法…………………204
任期満了による総選挙…………126
認知の訴の特例に関する法律 …48
農業基本法 ……………………84

は　行

橋本公亘…………………………140
羽田孜……………………………155
畑尻剛 …………………………55
鳩山内閣 ………………………74
犯罪捜査のための通信傍受に関する法律…………………………203
半島振興法………………………145
人の健康に係る公害犯罪の処罰に関する法律…………………105
広島平和記念都市建設法 ………23
広中俊雄 ………………………50
福田内閣…………………………127
福原忠男……………………16, 48
武力攻撃事態等における我が国の平和と独立並びに国及び国民の安全の確保に関する法律……………………………203
文化芸術振興基本法……………192
「平成十三年九月十一日のアメリカ合衆国において発生したテロリストによる攻撃等に対応して行われる国際連合憲章の目的達成のための諸外国の活動に対して我が国が実施する措置及び関連する国際連合決議等に基づく人道的措置に関する特別措置法」（テロ対策特別措置法）…………152, 203
弁護士法 ………………23, 18, 46
法律案に対する修正……………193
細川内閣…………………………158
細川・羽田内閣時代……………158

ま　行

マンションの管理の適正化の推進に関する法律………………189
三浦義男………………16, 28, 108
三木総理…………………………119
宮沢俊義 ………………………53
民事訴訟法（平成八年法律第一〇九号）………………………199
無限連鎖講の防止に関する法律 131
村山内閣…………………………165
村山内閣時代の議員立法………167

森田寛二 ……………………………51

や　行

薬事法の一部改正 ………………116
靖国神社法案 ……………………106
山室信一 …………………………119
優生保護法の一部改正 …………118

ら・わ行

『立法生活三十二年』 ……………14
流通食品への毒物の混入等の防止等に関する特別措置法 ……132
良質な賃貸住宅等の供給の促進に関する特別措置法 …………187
臨時行政調査会設置法 …………136
臨時脳死及び臓器移植調査会設置法 ……………………………156
老人保健法 ………………………200
労働安全衛生法 …………………201
渡辺賢 ……………………………137

著者紹介

上田 章（うえだ　あきら）

1926年京都市生まれ。1948年東京大学法学部卒業。衆議院法制局勤務。部長，法制次長を経て1989年まで法制局長。

その後白鷗大学法学部教授。現在弁護士。

著書として，「憲法」，「議会と議員立法」，「条例規則の読み方・つくり方」，「議院証言法改正の立法過程」ほか。

議員立法五十五年

初版第1刷発行　2005年3月30日

著　者
上田 章

発行者
袖山 貴＝村岡侖衛

発行所
信山社出版株式会社

113-0033　東京都文京区本郷6-2-9-102
TEL 03-3818-1019　FAX 03-3818-0344

印刷・エーヴィスシステムズ　製本・渋谷文泉閣

ISBN4-7972-5083-6　C3032